Hermine König / Karl Heinz König

Tut dies zu meinem Gedächtnis

Elternheft

Mütter und Väter begleiten ihre Kinder zur Erstkommunion

Kösel

Inhalt

Liebe Eltern

Für Ihr Kind beginnt jetzt die Vorbereitungszeit auf die Erstkommunion. Alle Kinder erwarten ganz selbstverständlich, dass die Eltern Anteil nehmen an dem, was sie in den Vorbereitungsgruppen erfahren und erleben. Vielleicht wollen Sie dies ganz bewusst. Vielleicht stehen Sie der Vorbereitung unsicher oder sogar fremd gegenüber oder haben Schwierigkeiten mit einigen Fragen des Glaubens. Vielleicht möchten Sie Ihr Kind begleiten, wissen aber nicht recht wie.

Das vorliegende Elternheft möchte *allen* Eltern eine Hilfe sein. Es ist so angelegt, dass Sie als Mutter oder Vater begleitend zu den Themen der Gruppenstunden der Kinder viele Impulse finden, die Ihnen Verständnishilfen bieten. Wir hoffen, dass so persönliches Nachdenken und Gespräche mit dem Partner oder der Partnerin oder auch in einer Elterngruppe der Gemeinde möglich werden. Vielleicht bestätigt sich manches für Sie oder korrigieren sich auch Meinungen, möglicherweise sogar Vorurteile. Vielleicht finden Sie einen neuen Zugang zu Ihrem Glauben.

Innerhalb der einzelnen Kapitel werden immer wieder vielfältige Anregungen zum gemeinsamen Tun in der Familie gegeben; denn unser Glaube will nicht nur gewusst, sondern vielmehr in unserem Alltag erfahren und gelebt werden. Vorbereitungszeiten haben immer ihre eigene dichte Atmosphäre und Vorfreude, und die Kinder sind dankbar dafür.

Die Kinder auf die Erstkommunion vorbereiten bedeutet, sie in die *Mahlgemeinschaft* der Gemeinde einführen. Das Werkbuch »Tut dies zu meinem Gedächtnis« (WB) will ihnen auf kindgemäße Art die Messfeier nahe bringen. Sie sollen den Zusammenhang zwischen den Elementen der Messe und ihrem alltäglichen Leben entdecken. Vielleicht können Sie als Eltern hierbei ebenfalls ganz neue Erfahrungen machen, wie die Messe in ihrem eigentlichen Sinn keine überflüssige Frömmigkeitsübung ist, sondern in ganz engem Zusammenhang mit unserem Leben steht.

Wir wünschen Ihnen, dass die Vorbereitungszeit und das Erstkommunionfest für Sie und Ihr Kind viel Schönes und viel Zustimmung zum Leben bringt im Vertrauen auf Gott.

Karl Heinz König
Hermine König

Niemand lebt für sich allein

Nicht nur in schwierigen Lebenssituationen brauchen wir andere Menschen, sondern auch im normalen Alltag ist es wichtig, dass jemand da ist, zu dem wir gehören, dem wir uns anvertrauen können, der uns zuhört und versteht, mit dem wir etwas unternehmen, der uns so akzeptiert, wie wir sind, und bei dem wir uns geborgen fühlen können. Jeder von uns sehnt sich nach Beziehung und Gemeinschaft. Am intensivsten erlebt dies das Kind in seinem häuslichen Umfeld. Darüber hinaus kann es in der Schule wie auch in der Vorbereitungsgruppe zur Erstkommunion seine Gemeinschaftserfahrungen und das Erleben des Zusammengehörigkeitsgefühls erweitern. Jedes Kind lernt dort unterschiedliche Temperamente und Mentalitäten kennen, an denen es sich selbst orientieren kann, und bei denen es sich selbst in seiner Wesensart angenommen und aufgehoben fühlt. Abgesehen davon, dass Leben und Glauben in einer Gruppe zu erfahren besonders Kindern aber auch Erwachsenen viel mehr Spaß macht.

Auch Sie als Eltern haben die Chance, sich für die Wochen der Vorbereitungszeit in einer offenen Gruppe zusammenzutun, um sich besser kennen zu lernen und Erfahrungen auszutauschen. Dort kann ganz offen über Erziehungs- und Glaubensfragen gesprochen werden. Jeder kommt mit seiner ganz persönlichen Einstellung zu Wort. Das ist erfahrungsgemäß sehr hilfreich in mancher Ratlosigkeit, die der Familien- und Nachbarschaftsalltag so mit sich bringt. Denn andere haben ähnliche Probleme und gehen unterschiedlich damit um.

Kleiner Gesprächsknigge für das Zusammenleben

Worte, die Gespräche stören können:

Du machst immer ...! Du musst endlich ...! Wenn du nicht ... dann ...! Da bist du selbst dran schuld! Das hätte ich von dir nicht erwartet! Mensch, überleg doch mal ...! Das ist doch Unsinn! Lass dir von mir sagen ...!

Worte, die Gespräche fördern:

Was ist dir wichtig? Wie ist es dir dabei ergangen? Was wäre z.B. wenn ...? Das kann ich dir gut nachfühlen! Das ist eine tolle Idee! Einerseits – andererseits ...! Weder – noch ...! Wie meinst du das? Nenne mal ein Beispiel!

Erinnerungen

Ich habe einen Bruder und eine Schwester, Hanswerner und Annegret. Obwohl Annegret drei Jahre jünger ist als ich, habe ich mich von klein auf mit ihr am besten verstanden. Hanswerner war als Kind ein Eigenbrötler und Besserwisser. Als mittleres Kind kam er sich vernachlässigt vor. Er war der festen Überzeugung, der ältere Bruder und die jüngere Schwester würden von den Eltern vorgezogen. Gewiss, ich durfte schon mal etwas länger aufbleiben, aber beim Spülen und anderen häuslichen Verrichtungen war ich oft alleine. Der eine drückte sich, und die andere war ja noch »viel zu jung«, wie meine Mutter immer sagte. Und das gab manchen Familienstreit. Da kam bei mir der Neid hoch; denn mein Freund Friedhelm musste nämlich nicht im Hause helfen, er brauchte mit keinem zu teilen und es gab auch keinen Zank. Friedhelm war Einzelkind wohlhabender Geschäftsleute.

Doch eines Tages musste seine Mutter ins Krankenhaus, und er durfte bei uns schlafen. Ich erinnere mich noch gut daran, dass er ganz traurig war, als er wieder nach Hause ging. »Mensch, was hast du bloß?« fragte ich ihn. Seine Antwort war: »Ich wollte, ich hätte Geschwister wie du. Ich bin immer ganz alleine zu Hause, habe niemanden, mit dem ich spielen oder dem ich was erzählen kann. Auch verteidigt mich niemand, wenn ich mal etwas ausgefressen habe. Du, das ist stinklangweilig.« Das machte mich damals sehr nachdenklich: Wer hat es nun wirklich besser, er oder ich? dachte ich bei mir.

Sicher haben Sie auch solche Erinnerungen. Mit wem von den vier Kindern können Sie sich identifizieren, mit dem ältesten, jüngsten, mittleren oder mit dem Einzelkind? Wenn Sie mit anderen solche Erfahrungen austauschen möchten, dann gibt es bestimmt interessante Gespräche.
Und wie war es bei Ihnen, haben Sie sich in Ihrem Leben oft alleine gefühlt oder hatten Sie immer Gesellschaft und Freunde?

Aus einer Chronik des 13. Jahrhunderts

Friedrich II. von Hohenstaufen wollte die Ursprache der Menschen finden. Er glaubte, sie entdecken zu können, wenn beobachtet würde, in welcher Sprache Kinder zu reden anfangen, mit denen niemand spricht.

Und deshalb befahl er den Ammen und Pflegerinnen, sie sollten den Kindern Milch geben, sie an den Brüsten säugen, sie baden und waschen, aber in keiner Weise mit ihnen schön tun und zu ihnen sprechen. Er wollte nämlich erforschen, ob sie die hebräische Sprache sprächen, als die älteste, oder Griechisch oder Latein oder Arabisch oder aber die Sprache ihrer Eltern, die sie geboren hatten. Aber er mühte sich vergebens, weil die Kinder alle starben. Denn sie vermochten nicht zu leben ohne das Händepatschen und das fröhliche Gesichterschneiden und die Koseworte ihrer Ammen und anderer Menschen.

Für jeden jederzeit ein Engel sein

Jeder wünscht sich jeden Morgen
Irgendetwas – je nachdem.
Jeder hat seit jeher Sorgen,
Jeder jeweils sein Problem.

Jeder jagt nicht jede Beute.
Jeder tut nicht jede Pflicht.
Jemand freut sich jetzt und heute.
Jemand anders freut sich nicht.

Jemand lebt von seiner Feder.
Jemand anders lebt als Dieb.
Jedenfalls hat aber jeder
Jeweils irgend jemand lieb.

Jeder Garten ist nicht Eden.
Jedes Glas ist nicht voll Wein.
Jeder aber kann für jeden
Jederzeit ein Engel sein.

Ja, je lieber und je länger
Jeder jedem jederzeit
Jedes Glück wünscht, umso enger
Leben wir in Einigkeit.

James Krüss

Zum Titelbild 1 im Werkbuch

Jeder hat den Kopf voller Ideen, Wünsche und Träume vom Zusammenleben mit anderen. Wie ein Baum wachsen die Bilder aus der Erinnerung, und ihre Zweige dehnen sich aus in die Weite der Phantasie: Da sind viele Bilder zu sehen ...

Bäume üben auf uns eine große Faszination aus. Wenn wir sie beobachten vom Frühling bis zum Winter, und das über mehrere Jahre hin, dann lassen sie uns das Geheimnis des Lebens erahnen, und das nicht nur auf Bäume bezogen, sondern auch auf uns selbst.

Was wir gemeinsam tun können

- Einen schönen Baum in Wald oder Park aussuchen und ihn anschauen: Wurzel, Stamm, Zweige, Blattform, Früchte; entdecken, dass er nicht allein ist, sondern Bewohner hat: Eichhörnchen, unterschiedliche Vögel, Ameisen, Käfer, Insekten ..., ihn umfassen – den Baum erspüren, seine Rinde ertasten ..., den Baum in den verschiedenen Jahreszeiten besuchen.
- Sich eine Geschichte vom Baum ausdenken, der immer so allein war und dann Bewohner bekam und sich freute ...
- Ein geheimnisvolles Baumhaus bauen ... wer darf mit hinein?
- Kinder mögen gern Baum spielen: die Füße sind die Wurzeln – sie spüren die Füße in den Boden, der Körper ist der Stamm – der sich nach oben streckt, die erhobenen Arme sind die Zweige – die sich bewegen: bei leichtem Wind, bei Sturm, bei Regen, bei Schnee ...
- Ein Phantasiespiel: Wir sitzen in der Runde und schließen die Augen. In unserer Phantasie wächst ein Baum aus unserem Kopf heraus, ein wunderschöner Baum. In ihm sitzen viele Leute, die ich alle gerne mag: wer ist es denn ..., was tun sie in meinem Baum ..., bei wem sitze ich ...? Dann öffnen wir die Augen und erzählen uns von unseren Baumgästen.
- Auf einem großen Papierbogen gemeinsam einen *Familienbaum* malen mit je eigenen Vorstellungen, Wünschen, Erlebnissen ... Das wird bestimmt ein Baum, wo niemand allein ist, aber jede und jeder auf seine Kosten kommen will.
- Gibt es Menschen in der Verwandtschaft, Nachbarschaft oder im Bekanntenkreis, die einsam sind? Gemeinsam überlegen, wie hier behutsam geholfen werden kann.

Sich streiten und versöhnen

Zum Titelbild 4 im Werkbuch

Verängstigt und traurig fliegt ein Kind in die Arme eines Mannes. Wahrscheinlich ist es der Vater. Sucht es Schutz, Trost oder Verzeihung? Das hat wohl etwas mit dem kaputten Fahrrad am Boden zu tun. Der Mann schaut das Kind fragend an, aber nicht vorwurfsvoll und böse. Es scheint so: Jeden Moment wird er das verschüchterte Kind in seine Arme bergen, ihm Trost zusprechen und es von seinem seelischen Druck befreien. Er wird ihm helfen, seinen Schaden wieder gutzumachen.

Kinder und Erwachsene könnte das Titelbild animieren, eigene Erlebnisse zu erzählen und die damit verbundenen Gefühle zu äußern, positive wie auch negative. Wie gut tut es doch, wenn sich jemand in die seelische Not anderer einfühlen kann und befreiende Worte ausspricht!

Wenn wir uns selbst gegenüber ehrlich sind, dann erkennen wir, vieles in unserem Leben ist in Ordnung, ist gut, manches aber auch nicht. Oft bleiben wir hinter dem zurück, was wir ursprünglich als richtig und gut erkannt haben: Wir streiten uns auf unfaire Weise innerhalb der Familie und am Arbeitsplatz, verhalten uns anderen gegenüber verletzend, übersehen die materielle Not anderer, übervorteilen Menschen, zerstören vielleicht oder betrügen und sind auf einem Ohr taub, wenn jemand uns dringend braucht. So werden wir immer wieder schuldig gegeneinander. Es fällt uns nicht immer leicht, uns unser Versagen einzugestehen und Verantwortung zu übernehmen. Manchmal wissen wir selbst nicht, warum wir jeweils so oder so gehandelt haben. Unsere Beziehung zu anderen ist gestört und damit auch zu Gott, der das Heil *aller* Menschen will. Hier sprechen wir auch von *Sünde*, wenn die Schuld groß ist; denn Sünde trennt von Gott und den Menschen. Schuldig werden hat immer etwas damit zu tun, dass wir anderen oder uns selbst etwas Lebenswichtiges schuldig bleiben. Wir sind eingemauert in unseren Blockierungen und finden nicht mehr heraus aus der verfahrenen Situation. Im Vertrauen auf das Versprechen Jesu, dass Gott uns nie fallen lässt, können wir darauf bauen, dass er uns wie *ein barmherziger Vater* an unserer *Mauer* erwartet, um uns herauszuführen aus der Enge der Schuld. Das meint der Begriff *Buße*, dass Gott uns einlädt, in rechter Bußgesinnung aus der Vermauerung der Schuld umzukehren, mit ihm den neuen Weg der Umkehr zu gehen, hin zur Vergebung und Versöhnung, somit die verletzten Beziehungen wieder zu knüpfen und neue Lebensmöglichkeiten zu finden (WB S. 51-53).

Auch ein verlorener Sohn

Die Geschichte vom verlorenen Sohn kreist um ein tiefgreifendes zeitloses menschliches Problem: Da ist z.B. ein Mann, der nach zwölfjähriger Ehe plötzlich Frau und Kinder verlässt und mit einer jüngeren Kollegin zusammenlebt. Zum Glück ist seine Frau halbtags beschäftigt, denn sie bekommt von ihrem Mann relativ wenig Geld zum Lebensunterhalt. Das Haushalten wird schwierig, hinzu kommen noch Trauer und Schmerz der völlig überraschten Frau.

Eines abends, nach vielen Wochen, taucht der Mann auf einmal wieder zu Hause auf. Weinend fällt er seiner Frau um den Hals und bittet um Verzeihung. Sie hat zwar noch Gefühle für den Ausreißer, kann aber auch ihre tiefen Verletzungen nicht einfach wegstecken. Sie erhofft, dass alles wieder gut wird, ist letztlich aber stark verunsichert.

Können Sie sich in diese Frau hineinversetzen? Was würden Sie ihr raten? Zu überlegen ist allerdings auch, was in dem Mann vor sich geht. – Wie könnte die Geschichte in Ihrer Phantasie weitergehen?

Vom barmherzigen Vater

Dann brach er auf und ging zu seinem Vater. Der Vater sah ihn schon von weitem kommen, und er hatte Mitleid mit ihm. Er lief dem Sohn entgegen, fiel ihm um den Hals und küsste ihn. Da sagte der Sohn: Vater, ich habe mich gegen den Himmel und gegen dich versündigt; ich bin nicht mehr wert, dein Sohn zu sein. Der Vater aber sagte zu seinen Knechten: Holt schnell das beste Gewand und zieht es ihm an, steckt ihm einen Ring an die Hand, und zieht ihm Schuhe an. Bringt ein Mastkalb her und schlachtet es. Wir wollen es essen und fröhlich sein. Denn mein Sohn war tot und lebt wieder, er war verloren und ist wiedergefunden worden. Und sie machten ein fröhliches Fest.

Sein ältester Sohn war noch auf dem Feld. Als er nach Hause kam, hörte er von ferne Musik und Tanz. Da fragte er einen der Knechte, was das bedeuten solle. Der Knecht antwortete: Dein Bruder ist gesund und heil wiedergekommen, deshalb macht dein Vater ein Fest. Da wurde er zornig und wollte nicht hineingehen. Da kam sein Vater und redete ihm gut zu. Der Sohn erwiderte: Ich habe dir all die Jahre gut gedient. Für mich hast du nicht mal einen Ziegenbock geschlachtet für ein Fest mit meinen Freunden. Und dem, der sein Vermögen mit Dirnen durchgebracht hat, dem schlachtest du ein Mastkalb. Der Vater antwortete ihm: Mein Sohn, du warst immer bei mir, und alles, was mein ist, ist auch dein. Nun komm und feiere mit; denn dein Bruder war verloren und ist nun wiedergefunden worden. *Lukas 15,20-32*

Können Sie sich in den zu Hause gebliebenen Sohn hineinversetzen? Auch in den Vater? Fällt es Ihnen persönlich leicht, nach einer Auseinandersetzung den ersten Schritt zur Versöhnung zu tun? Haben Sie in Ihrem Umfeld vertraute Menschen, bei denen Sie sich Rat holen könnten?

Gott will das Heil des Menschen

Bei Schuld sind Verletzungen mit im Spiel, Wunden, die oft lange schmerzen. Da ist es sicherlich befreiend zu erfahren, dass im Neuen Testament immer wieder davon erzählt wird, wie Jesus die Menschen an *Leib* und *Seele* heilt. Dürfen wir da nicht herauslesen, dass Gott das Heil des Menschen will und niemals seine Bestrafung, dass er alles wegnehmen will, was im Menschen Unheil schafft, was ihn an Leib und Seele krank macht? Wir können Gott unsere Verletzungen hinhalten, auch das, was uns Schwierigkeiten macht. Buße meint besonders auch die Bereitschaft, sich heilen zu lassen, und wer wollte das nicht!

Eine christliche Gemeinde sollte auch ein Ort sein, wo Nachdenken, Umkehr, Vergebung und Versöhnung erfahren werden können. Da müssen wir uns vielleicht erst wieder herantasten, weil zum einen viele negative Erlebnisse aus der Vergangenheit noch nicht überwunden sind, und zum anderen in uns heute das positive Bewusstsein um Buße vielleicht verloren gegangen ist. Bußerfahrung kann nach Auffassung der Kirche konkret werden in vertrauensvollen Gesprächen, im Gebet, in der Messfeier, in Bußgottesdiensten und im Sakrament der Beichte. Am zugänglichsten ist vielleicht *die Messfeier*: In einem Bußakt zu Beginn, in den Vergebungsbitten nach dem Evangelium, im Vaterunser, beim Friedensgruß können wir Gott und die Menschen um Vergebung bitten, um dann in der Mahlgemeinschaft die Versöhnung mit Gott und den Menschen zu feiern. In einer *Bußfeier* können die Menschen – eingebettet in die Gemeinschaft – gemeinsam ihre Schuld bekennen und Versöhnung feiern. Beim *Sakrament der persönlichen Beichte* sagt der Priester dem Beichtenden die Vergebung Gottes zu und spricht ihn von der Sünde los, egal wie schwerwiegend sie war.

Im Rahmen der Vorbereitung auf die Erstkommunion sollen auch die Kinder das Angebot Jesu der Vergebung und Versöhnung kennen lernen. Jedoch ist eine nur kurze Beichtvorbereitung nicht ohne Probleme. Beim Kind muss das Beichtgespräch z.B. kindgemäß und ganz einfühlsam und behutsam sein, damit es nicht verängstigt wird. Eine Kinderbeichte hat nur Sinn, wenn sie in eine ausführliche, kindgemäße Bußerziehung eingebettet ist.

Wo sind meine Blockaden, Ummauerungen, alte und neue Verletzungen, unverheilte seelische Wunden? Von woher und von wem kann ich Hilfe, Heilung erwarten? ...

- Gibt es Menschen, die ich verletzt habe, finde ich die Gründe, kann ich die Mauer überspringen? ...
- Gibt es Menschen, denen gegenüber ich schuldig geworden bin?
- Zeichen der Versöhnung: Worte ... ein Brief ... eine Umarmung ... Blumen ... kleines Geschenk ... eine Einladung
- Worte der Versöhnung: Es tut mir leid ... Entschuldige bitte ... Sei wieder gut zu mir ... Ich verzeihe dir von Herzen ... Ich habe es nicht so böse gemeint ... Wir wollen es wieder miteinander versuchen ...

Die Geschichte einer Umkehr

In der Geschichte *vom selbstsüchtigen Riesen* von Oscar Wilde (WB S. 51-53) erleben wir mit den Kindern, wie ein selbstsüchtiger Riese sich zu einem liebenden Freund wandelt.

Der Riese besitzt einen großen Garten, aus dem er die Kinder vertreibt und den er mit einer hohen Mauer umgibt, d.h. er schließt sich ein in seinen Egoismus. Buchstäblich eisig geht es bei ihm zu. Während draußen der Frühling einkehrt, dann der Sommer und der Herbst, bleibt der Garten des Riesen erstarrt im Eis: Bild der erstarrten Seele des Riesen. Die Kinder sind es, die eine Veränderung herbeiführen. Sie sind durch ein kleines Loch – der Funken Hoffnung, der noch geblieben ist – in den Garten gekrochen und auf Bäume geklettert, die sofort anfangen zu blühen: hier steht inneres Leben gegen seelisches Sterben.

Schließlich erkennt der Riese seine Ichsucht, sein Unrecht. Sein Herz schmilzt, er reißt die Mauern ein und schenkt den Kindern den Garten. In dem kleinsten Jungen, dem er seine besondere Hilfe schenkte, erscheint ihm Jesus, der ihm den Lohn seiner Umkehr, seiner Liebe ankündigt.

Versuchen Sie einmal, nach dem Vorlesen dieser Geschichte im Familienkreis eine Szene, die Sie besonders beeindruckt hat, ungegenständlich in Farbe auszudrücken. Ob nachher die anderen erraten, welches Motiv Sie dargestellt haben? Welche Szenen waren beliebt und welche nicht? Warum wohl?
Lassen sich Parallelen zum eigenen Leben ziehen? Bei welchen Situationen igelt man sich ein, und wie wird das Eis wieder gebrochen? Wer tut meist den ersten Schritt? Wer oder was ist dabei behilflich?

Woran glauben wir?

Wie ich den lieben Gott suchte

Es war immer dasselbe. Als ich im Nachbargarten die unreifen Gurken gepflückt hatte, um – mit Nachbars Guschi zusammen – Puppe damit zu spielen, war der liebe Gott böse. Als ich die Drahttür zum Kaninchenstall endlich doch aufgekriegt hatte, dass beinahe die Kaninchen ins Freie gehüpft wären, wenn meine flinke Schwester Paula es nicht rechtzeitig bemerkt hätte – war der liebe Gott böse. Und als ich im Keller von den eingemachten Zwetschgen genascht hatte, dass mir der Bauch hintennach weh tat – war der liebe Gott wieder böse.

Ich dachte schließlich darüber nach, wo der liebe Gott nun eigentlich sei: im Garten, im Keller oder wo sonst. Dass es ein Geheimnis mit ihm sei und dass man nicht genau wisse, wie er aussehe – das dachte ich mir im Stillen auch. Und so fragte ich meine Mutter eines Morgens, als sie beim Kartoffelschälen saß: Wo ist eigentlich der liebe Gott? Meine Mutter sah mich an, lächelte, zeigte mit dem Zeigefinger der rechten Hand, in der sie noch das Messer hielt, halbwegs in die Höhe und sagte: oben im Himmel. Dann ging ich in den Garten und guckte mir überall den Himmel an. Er war ganz klar und ohne eine einzige Wolke. Da war nirgends ein Platz für den lieben Gott, wo er sich niederlassen konnte.

Und eines Abends, als mich mein Vater ausnahmsweise einmal wieder zu Bett gebracht hatte und noch ein paar Augenblicke bei mir saß, frage ich ihn: Vater, wo ist der liebe Gott? Da strich sich mein Vater langsam seinen langen Bart, dann wies er aus dem Kammerfenster auf einen hellen Stern, der draußen schon am Abendhimmel stand und funkelte. »Dort wohnt der liebe Gott«, sagte er mit seiner tiefen Mannesstimme, sprach mit mir das Nachtgebet und ging hinaus.

Ich schlief ganz glücklich ein. Das war ein schöner Ort. Da mochte der liebe Gott wohl wohnen. Aber am andern Morgen war der schöne Stern nicht mehr da. Wo war nun der liebe Gott?

Auszüge aus einer Geschichte von Hermann Claudius

Wenn Zweifel kommen

»In mir gähnt eine unbeschreibliche Leere und Traurigkeit. Ich weiß nicht warum. Wenn ich an Gott glauben will, mache ich ihn im selben Augenblick verantwortlich für alle Kriege und alle Gewalt und Grausamkeit in der Welt. Und schon habe ich ihn wieder verloren. – Wo finde ich ihn denn? Und wenn ich ihn fände, was könnte ich dann mit ihm anfangen? Er hilft mir doch nicht. Ich lebe in ständigen Zweifeln. Wie soll ich meinen Schülern einen sicheren Weg zeigen?«

Helene, Studentin

»Wird ein Verdrängen und Verschweigen von kritischen Bedenken dem Anspruch des Glaubens gerecht? Wie der Glaube, so haben auch Zweifel Anspruch darauf, ernst genommen zu werden. Auch sie haben Anspruch darauf, dass ich mich ihnen stelle, sie anspreche und benenne, sie durchfrage und durchdenke. Um der Wahrhaftigkeit des Glaubens willen! Denn sie sind gewachsen aus dem gleichen Grund, aus dem heraus ich einst auch zum christlichen Glauben hingefunden habe: dem Suchen nach Wahrheit.«

Günther Weber, Religionspädagoge

»Als Kind und als Jugendlicher habe ich Gott als Richter und Herrscher erfahren; mit den Jahren wurde Gott für mich Vater und Mutter, Einladender, Lebensspender, Menschenfreund und ein Gott, der da ist und sich verändert. Heute ist Gott für mich der Rätselhafte, derjenige, nach dem ich auf der Suche bin, derjenige, den ich nicht verharmlosen darf.«

DKV-Vorstand

Spuren im Sand

Ein Mann hatte nachts einen Traum. Er träumte, dass er mit Gott am Strand entlang spazieren ginge. Am Himmel zogen Szenen aus seinem Leben vorbei, und für jede Szene aus seinem Leben waren Spuren im Sand zu sehen.

Als er auf die Fußspuren im Sand zurückblickte, sah er, dass manchmal zwei Spuren und manchmal nur eine Spur da war. Er bemerkte weiter, dass sich zu Zeiten größerer Not und Trauer nur eine Spur zeigte. Deshalb fragte er den Herrn: »Herr ich habe bemerkt, dass zu den traurigen Zeiten meines Lebens nur eine Spur zu sehen ist. Du hast aber versprochen, stets bei mir zu sein. Ich verstehe nicht, warum du mich, da, wo ich dich am nötigsten brauchte, allein gelassen hast.«

Da antwortete der Herr: »Mein lieber Freund, ich liebe dich und würde dich niemals verlassen. In den Tagen, an denen du am meisten gelitten und mich am nötigsten gebraucht hast, wo aber nur eine Spur zu sehen war, da habe ich dich getragen.«

Nach Margaret Fishback Powers

Gott zeigt sich in Jesus

Christen glauben, dass Gott in Leben und Lehre Jesu sichtbar wird. Jesus sagt: »Wer mich gesehen hat, hat den Vater gesehen!« *(Johannes 14,9)*

Der letzte Adressat dieses zwischenmenschlichen Vertrauens im Bereich des Glaubens ist Jesus selbst, der ursprüngliche »Zeuge« Gottes und seiner Liebe. Wer glaubt, vertraut ihm und seinem Wort; er »nimmt es ihm ab«, dass in ihm Gott selbst am Werk ist; dass in seiner Sündenvergebung Gott selbst die Sünden vergibt; dass in seinem Wort Gottes selbst sein befreiendes und rettendes Wort uns zusagt; dass in seiner heilenden

Liebe Gott selbst sein Reich der Gerechtigkeit und des Friedens unter uns aufrichtet; dass in seinem Tod und in seiner Auferstehung das endgültige Heil aller von Gott her begründet ist. Die erfahrbare Glaubwürdigkeit dieses Zeugen liegt in der völligen Übereinstimmung von Wort und Leben: Die ungebrochene Menschlichkeit dieses Menschen, sein kompromissloses Einstehen für das Reich Gottes um der Menschen, zumal der Armen willen bis zum Äußersten, bis zum Tod am Kreuz, erweist ihn und sein Wort als dieses Vertrauens würdig.

Man steht diesem Menschen gegenüber letztlich vor der Alternative: *Entweder* spricht und handelt hier ein religiös Wahnsinniger, der sich mit einem maßlos überzogenen, alle menschlichen Maße sprengenden Anspruch auf die Seite Gottes stellt – *oder* hier spricht und handelt wirklich Gott selbst in der Gestalt seiner menschgewordenen Liebe.

Medard Kehl

Gottes weibliche Seite

Mit der weiblichen Seite des Gottesbildes ist keineswegs nur Emotionalität gemeint. Wie die Gestalt der Weisheit in der Bibel zeigt, gehören ebenso Geist und Verstand dazu. Da sie als weibliche Eigenschaften erscheinen, sind sie keine Instrumente der Herrschaft und Unterdrückung, sondern Ausdruck mütterlicher Fürsorge und schöpferischer Phantasie. Nach dem Zeugnis Jesu ist Gott, den er zärtlich Abba nennt, ein Vater, der gerade das Verlorene retten will und sich über solche Rettung mehr freut als über problemlose Gerechtigkeit und braven Gehorsam. Die Gleichnisse vom Verlust des einen von hundert Schafen oder der einen von zehn Drachmen, vor allem aber die Erzählung vom verlorenen Sohn, erinnern eigentlich an weibliche Eigenschaften dieses Vatergottes: Güte, Verzeihen, Zärtlichkeit … – Auch das Bild, dass Gott die Tränen abwischt, spricht von seiner mütterlichen Zärtlichkeit. Und wenn Jesus von sich sagt, er habe die Kinder Jerusalems wie eine Henne ihre Küken unter ihre Flügel nehmen wollen, beansprucht er mütterliche Eigenschaften. Die Entdeckung der weiblichen Seite Gottes und die Umsetzung in erzieherische Praxis eröffnen neue Chancen, verloren geglaubte Religiosität in der heutigen Zeit zum Leben zu erwe-cken. Das gilt vor allem für junge Menschen, die, obwohl es oberflächlich betrachtet anders erscheinen mag, offener sind für Werte, deren Bedeutung nicht zuletzt Frauen wieder ins Bewusstsein gebracht haben.

Gregor Tischler

Mit Kindern von Gott sprechen

Wie sollen wir sprechen, von dem,
den wir nicht kennen –
der uns aber durch Jahrtausende
hindurch bezeugt ist
den wir nicht sehen –
von dessen Gegenwart wir aber doch
Erfahrung haben,
der uns unendlich fern –
aber plötzlich
auch mal ganz nah ist,
der uns in allem aufscheinen könnte –
aber nicht nach unserem Willen
in die Wahrnehmung kommt,
auf den hin wir
ausgerichtet sein möchten –
ihn aber vielleicht nicht erreichen.

Felicitas Betz

Zwischen dem überkommenen Glaubensverständnis und der Bewältigung des eigenen realen Lebens ist nicht selten eine Kluft entstanden. Dennoch beunruhigt uns oft die Frage nach dem Sinn unseres Lebens. Und in Stunden tiefer Ergriffenheit, sei es durch die liebende Zuwendung eines Menschen oder ein überwältigendes Naturerlebnis, erahnen wir etwas Übernatürliches. Wenn wir auch nicht so oft an Gott denken, taucht er nicht dennoch immer wieder in unserer Seele auf, mal wohltuend nahe, mal unverständlich fern? Vielleicht geht es uns dann wie dem Propheten Elia, der nach Gott suchte. Er fand ihn nicht im Feuer, nicht im Erdbeben, nicht im Sturm, sondern im leisen Säuseln eines Windhauchs. Wogegen Mose Gott im brennenden Dornbusch fand. Oder wir finden manchmal unerwartet Gottesspuren in einem Menschen.

Da ist doch das Fragen unserer Kinder eine Chance, uns mit ihnen neu auf den Weg zu machen. *Was macht Gott? Wo ist er jetzt? Warum kann ich ihn nicht sehen und sprechen?* Oft sind wir im ersten Augenblick durch solche Fragen überfordert. Dann sollten wir auch sagen: »Darüber muss ich noch nachdenken!« Das verpflichtet aber dazu, uns kundig zu machen und auf diese Frage so bald wie möglich zurückzukommen. Dabei ist es redlich, nichts zu sagen, woran man selber nicht glaubt. Die Kinder sollten erfahren, dass es unterschiedliche Meinungen gibt und auch nicht jeder Topf einen Deckel findet.

Um sinnvoll von Gott zu sprechen, können wir uns von Jesus leiten lassen, er trägt keine theologischen Abhandlungen vor, sondern erzählt anschaulich Geschichten und Gleichnisse. Greifen wir also zur Bibel oder aber auch zu einem guten Kinderbuch, das den Geheimnissen des Lebens auf die Spur zu kommen sucht. Schließlich können wir den Spuren Gottes überall begegnen. Mit Staunen fängt vielleicht die Gotteserfahrung an, über die Farbenpracht eines Schmetterlings z.B. oder über die Weite des Sternenhimmels. – Und wenn das Kind Krieg und Tod hinterfragt, dann wird es erfahren müssen, dass Gott die Freiheit des Menschen auch zum Bösen total ernst nimmt. So geschieht auch unverständlich Böses. Gott bleibt letzten Endes ein Geheimnis wie das Leben auch.

Mit Kindern von Gott *sprechen* ist zwar wichtig, aber genau so wichtig ist es, mit ihnen gemeinsam Gott zu *erfahren*, in den Wundern der Natur, in der Liebe, der Geborgenheit und Zuverlässigkeit in unserem Alltag. – *Glauben* übersetzen wir gerne mit *Vertrauen*, d.h. »Ich glaube an den, dem ich fest vertrauen kann.« Wer Vertrauen über Mitmenschen erfahren hat, findet vielleicht auch leichter zu Gott.

Was macht Gott den ganzen Tag?

Wenn Kinder fragen

Mama, wo ist denn der liebe Gott? (4 Jahre)

Gott ist allen Menschen nahe. Er ist bei uns, bei dir, bei mir, bei den Menschen, die traurig sind und bei denen, die sich freuen. Alle können zu ihm sprechen. Er ist für alle da. Er ist für uns aber nicht sichtbar. Wir können aber alles sehen, was er für uns gemacht hat: Sonne, Mond und Sterne, Tiere und Pflanzen, die Erde und das Meer und auch uns Menschen, und er hat uns sehr lieb.

Ist Gott ein Geist? (4 Jahre)
Gott ist kein Gespenst, aber trotzdem ist er unsichtbar? (6 Jahre)

Wenn manche Menschen sagen: Gott ist ein Geist, dann wollen sie damit sagen: Gott ist für uns unsichtbar. – Er kann denken, etwas wollen, uns liebhaben. Aber er ist kein Mensch wie wir. Deshalb hat er auch keinen Körper. Er ist nicht wie ein Mensch, der neben anderen lebt. Er erfüllt mit seiner Kraft und seinem Leben die ganze Welt. Wenn man sagt: »Gott ist ein Geist«, ist das aber etwas ganz anderes, als wenn in den Märchen von Geistern und Gespenstern gesprochen wird. Die gibt es in Wirklichkeit gar nicht.

Warum gibt Gott nie Antwort, wenn man ihn fragt? (8 Jahre)

Er spricht zu uns durch gute Menschen, z.B. durch die Eltern. Er spricht zu uns durch die Schönheit der Natur, die er für uns geschaffen hat. Er spricht zu uns durch Jesus Christus und sein Evangelium. Er spricht zu uns durch Erlebnisse und Begegnungen mit Menschen. Er spricht auch in unseren Gedanken ... Man kann ihn leichter überhören als Menschen, die wir vor uns sehen und deren Stimme sich uns bemerkbar macht.

Vielleicht gibt es auch gar keinen Gott. Die Menschen haben sich das bloß ausgedacht. Es hat ihn ja noch niemand gesehen? (5 Jahre)

Du hast darin Recht, dass die Menschen durch ihr Nachdenken darauf gekommen sind, dass es Gott gibt. Überall, in allen Ländern haben sie sich unabhängig voneinander ihre Gedanken gemacht. Sie sahen die schöne Welt und wie alles in der Natur seine Ordnung hat und sein Leben. Und sie dachten sich: Da muss doch jemand sein, der das alles ausgedacht und gemacht hat, der sehr weise und mächtig ist. Den nannten sie dann Gott. Wir können aber nur sehen, was er geschaffen hat. Ihn selbst können wir jetzt nicht sehen. Wir werden ihn aber einmal sehen, wenn wir zu ihm kommen.

Heinz-Manfred Schulz

Glauben bekennen

In der Messe wird oft das Glaubensbekenntnis gebetet, das uns aus dem 4. Jahrhundert überliefert ist. Es verbindet heute noch alle christlichen Kirchen miteinander. Doch nicht nur die so genannten Laien, sondern auch die Theologen interpretieren heute den einen oder anderen Glaubenssatz dieses Textes unterschiedlich. Es ist ein Zeichen eines mündigen Christen, seinen Glauben hin und wieder zu hinterfragen. Selbst wenn die eine oder andere Anfrage im Augenblick ungeklärt bleibt oder Zweifel kommen, so ist der ganze Glaube noch lange nicht infrage gestellt. Deshalb hat man in den letzten Jahrzehnten immer wieder versucht, Glaubensbekenntnisse für heute zu formulieren, so dass ihre Glaubensinhalte von möglichst vielen Menschen nachvollzogen werden können. Wer sie formuliert, knüpft an seine Lebenssituation an, z.B. Frauen thematisieren das Verlangen nach Anerkennung der Gleichwertigkeit von Mann und Frau und Jugendliche die Sehnsucht nach einer menschlicheren Welt. Für die Kinder ist für die Feier der Erstkommunion, ihrem Sprach- und Denkvermögen gemäß, im Werkbuch S. 73 ein Taufversprechen formuliert, mit dem sie kindgemäß das stellvertretende Bekenntnis ihrer Eltern und Paten bei ihrer Kindertaufe ablösen.

Aus dem Glaubensbekenntnis einer Frau

Ich glaube an Gott,
der Frau und Mann
nach seinem Bilde schuf,
der die Welt schuf
und beiden Geschlechtern
Herrschaft über die Erde gab ...
Ich glaube an die Ganzheit des Erlösers,
in dem es weder Juden noch Griechen,
weder Sklaven noch Freie,
weder Mann noch Frau gibt.
Denn wir sind alle eins
in seiner Erlösung.

Rachel Wahlberg

Aus dem Glaubensbekenntnis einer Achtzehnjährigen

Ich glaube an die Gemeinschaft der Glaubenden,
an ihre Kraft, christlich Mensch zu sein,
sich auf Gott einzulassen
und ihn suchend ihren Weg
in eine menschliche Welt zu gehen ...
Ich glaube an das ewige Leben,
an einen Sinn des Lebens,
an ein ewiges Fortbestehen
menschlicher und göttlicher Liebe.
Ich glaube an einen unzerstörbaren
Bund Gottes mit den Menschen
durch die bedingungslose Zuwendung Gottes
zu seiner Schöpfung.

Eva Wagner

Hätten nicht auch Sie Lust, einmal Ihr persönliches Glaubensbekenntnis zu formulieren?

Wer ist eigentlich dieser Jesus?

Seit fast 2000 Jahren lässt diese Frage die Menschen nicht los. Nicht nur Theologen suchen nach Antworten, sondern ebenso Dichter, Maler, Bildhauer, Musiker, Politiker und heutzutage auch Filmemacher. Es wird sowohl nach dem historischen Jesus gefragt als auch nach dem Jesus Christus des Glaubens.

Jeder Christ stellt sich hin und wieder die Frage neu: *Wer ist Jesus für mich? Wie sehe ich ihn jetzt im Augenblick?*

Folgende Impulse können dazu eine Hilfe sein:

Mein persönliches Jesusbild

Wenn ich die Augen einen Augenblick schließe:

- Welches Bild von Jesus von Nazaret tritt aus der Vorstellung vor mein inneres Auge: seine äußere Gestalt, seine Kleidung? Ist es mehr das Kind in der Krippe, der Jugendliche im Tempel oder in seiner Familie, der Wundertäter, der Wanderprediger, der Angeklagte vor Pilatus, der Gekreuzigte, der Auferstandene? (Vielleicht können Sie auch nachverfolgen, woher Sie diese inneren Bilder haben: aus bildlichen Darstellungen, aus dem Elternhaus, aus dem Religionsunterricht, aus Predigten, aus der Literatur oder sogar aus dem Vergleich mit Ihnen bekannten Menschen?)
- Ist »mein Jesus« freundlich oder streng, barmherzig oder radikal, gesellig oder eher distanziert, weltoffen oder lebensfremd, liberal oder konservativ?
- Wie begegnet er nach meiner Vorstellung anderen Menschen, z.B. Frauen, Zöllnern, Fischern, Pharisäern, Sündern?
- An welche biblischen Geschichten kann ich mich noch erinnern? Welche haben mich innerlich bewegt?
- Welches Jesusbild möchte ich, das meinen Kindern vermittelt wird?

Wie Menschen unserer Zeit Jesus sehen

Der Pantomime
MARCEL MARCEAU:

Ich glaube, wenn Christus heute wieder auf die Erde käme, er würde noch einmal gekreuzigt werden. Es gibt so viele schlechte Christen, die ihn vielleicht auch heute nicht ertragen könnten. Das ist ein schrecklicher Gedanke: Christus ist von vielen gar nicht verstanden worden. ...

Der Theologieprofessor
PAUL HOFFMANN:

Der Gott Jesu ist, wie es auch bei den alttestamentlichen Propheten der Fall war, ein Gott, der für die Entrechteten Partei ergreift. Sein Platz ist auf ihrer Seite. Sein Heilshandeln gilt den Zu-kurz-Gekommenen ohne Ausnahme, denen, die *im Dunkeln* sind. Jesu Botschaft ist nicht isoliert zu sehen, sein Wort ist begleitet von Taten der Solidarisierung mit den in der Gesellschaft an den Rand Gedrängten: den Kranken, besonders den *Unreinen*, den *Aussätzigen*, und von *bösen Geistern Besessenen*, den in einer patriarchalen Gesellschaft diskreditierten Frauen, den Kindern, den mit den *Ausbeutern* kollaborierenden Zöllnern und den religiös verachteten Sündern. Gerade mit den letztgenannten Gruppen zeigte er demonstrativ seine Solidarität, wenn er – ohne die üblichen Berührungsängste – in fröhlicher Runde mit ihnen feierte.

Der Psychotherapeut
THEODOR BOVET:

Jesus von Nazaret ist die Gestalt, in der Gott zu uns Menschen gekommen ist, um uns wirklich zu berühren. Jesus ist nicht gekommen, um die Welt zu richten, sondern um sie zu retten und das Verlorene zu suchen. Er hat jeden Einzelnen persönlich angesprochen und ihm gerade das gegeben, was er eben nötig hatte, dem einen, dass er sehe, dem anderen, dass er vom Aussatz rein werde, einem Dritten vergab er die Sünden; dem reichen Jüngling zeigte er seine Gebundenheit an das Geld, der Stadtdirne gab er wieder die Selbstachtung, indem er ihr Geschenk annahm, seinen hochmütigen Jüngern wusch er die Füße. So vielfältig und persönlich wurde die Begegnung mit Jesus. So persönlich ist sie bis auf den heutigen Tag.

Der Naturwissenschaftler
ALBERT EINSTEIN:

Ich bin Jude, aber das strahlende Bild des Nazareners hat einen überwältigenden Eindruck auf mich gemacht. Es hat sich keiner so göttlich ausgedrückt wie er. Es gibt wirklich nur eine Stelle in der Welt, wo wir kein Dunkel sehen. Das ist die Person Jesu Christi. In ihm hat sich Gott am deutlichsten vor uns hingestellt.

Der Journalist
Franz Alt:

Der gefühlsimpulsive Jesus handelt, wir er fühlt, und fühlt, wie er handelt. Er empfiehlt weibliches Zutrauen und beharrliches Bitten statt männliches Verurteilen und strenges Richten. Hinter diesen Weisungen steht die Autorität des ersten integrierten Mannes. Ein Mann mit einer tiefen Gotteserfahrung und einem sicheren Wertgefühl: gespeist aus der Dynamik und der Energie einer großen Seele – nüchtern, kritisch, unnachgiebig gegenüber faulen Kompromissen.

Jesusdarstellungen, ob alt oder modern, sind weder historisch noch naturalistisch gemeint, sondern entspringen dem Glaubensverständnis des Künstlers und seiner Zeit. – Für Kinder und Erwachsene ist die Vielfalt eine Hilfe, ihr persönliches Jesusbild nicht einseitig festzulegen.

Welche der vier abgebildeten Jesusdarstellungen kommt Ihrer Vorstellung am nächsten?

Typisch Jesus

Am frühen Morgen ging er wieder in den Tempel. Da waren viele Leute. Er setzte sich zu ihnen und lehrte sie. Da brachten die Schriftgelehrten und Pharisäer eine Frau, die beim Ehebruch ertappt worden war. Sie stellten sie in die Mitte und sagten: Meister, diese Frau wurde beim Ehebruch auf frischer Tat ertappt. Mose hat uns im Gesetz vorgeschrieben, solche Frauen zu steinigen. Nun, was sagst du dazu?

Mit dieser Frage wollten sie ihn auf die Probe stellen, um einen Grund zu haben, ihn zu verklagen. Jesus aber bückte sich und schrieb mit dem Finger auf die Erde. Als sie aber hartnäckig weiterfragten, richtete er sich auf und sagte zu ihnen: Wer von euch ohne Sünde ist, der werfe als erster einen Stein auf sie. Dann bückte er sich wieder und schrieb auf die Erde. Als sie seine Antwort gehört hatten, da schauten sie sich gegenseitig an und gingen fort, einer nach dem anderen. Jesus blieb mit der Frau allein zurück. Er richtete sich auf und sagte zu ihr: Frau, wo sind deine Ankläger geblieben? Hat dich niemand verurteilt? Keiner Herr, antwortete die Frau. Da wandte sich Jesus ihr zu: Auch ich verurteile dich nicht. Geh nun und sündige nicht mehr!

Johannes 8,2-11

Wenn einer die Geschichte mit der geretteten Ehebrecherin ernst nimmt, akzeptiert er solche Grenzen nicht mehr. Er entdeckt die Schwächen und die falschen Wünsche und dumpfen Instinkte, die den anderen auf die schiefe Bahn gedrängt haben, plötzlich auch in sich selbst. Er lernt, seine eigenen dunklen Seiten anzunehmen – und wagt sich nicht mehr zum Richter über Menschen zu machen, die vielleicht nicht seine Lebenschancen und seine Kraft hatten. Plötzlich ist niemand mehr abgeschrieben ... Nein, ich brauche keine Angst mehr vor meinen Abgründen zu haben; denn auch in ihnen ist Gott ... Weil aber Gott uns versteht und vergibt, können wir Menschen einander vergeben. Weil jeder immer wieder auf Gottes Erbarmen angewiesen ist, können wir barmherzig miteinander um- gehen – und wissen: »Selig die Barmherzigen; denn sie werden Erbarmen finden.«

Christian Feldmann

Wenn er vorbei käme

Stellen Sie sich vor, da kommt an Ihrer Arbeitsstelle ein sympathischer, aber sehr energischer junger Mann auf Sie zu, schaut Ihnen tief in die Augen, so dass es Ihnen heiß und kalt über den Rücken läuft. Er würde nicht viel sagen, nur »Komm, geh mit mir!«. Nun nehmen wir einmal an, in Ihrem Innern sei der Blitz eingeschlagen, so betroffen und angerührt seien Sie. Nach dem ersten Schock würden Sie sich sicherlich als moderner Mensch fragen: Wer ist das? Was will der? Was macht der überhaupt? Ein Gewerkschaftler, der sich um den Erhalt der Arbeitsplätze müht und sich für Arbeitslose einsetzt? Ein parteiloser Politiker, der auf die Straße geht und für die Lohnfortzahlung im Krankheitsfalle und gegen den Sozialabbau demonstriert? Ein Heilpraktiker, der Krebs-, Aids- und Neurodermitiskranke zu heilen versucht? Ein Kirchenreformer, der dem Pfarrer in der Sonntagspredigt dazwischenfunkt und den Frauen mehr Rechte in der Männerkirche einräumen will? Ein Sozialarbeiter, den man immer wieder bei Asylanten, Obdachlosen und Strafgefangenen antrifft? Ein Öko, der die Umweltsünder angeht und ein Herz für Tiere hat? Wer ist er also? Und wer sind seine Begleiter? Frauen und Männer, mehr oder weniger gepflegt gekleidet, handfeste oder gestrauchelte? Auch Finanzbeamte oder nur Erwerbslose?

Selbst wenn Sie mitgehen möchten, wie wollten Sie das Ihrer Familie klarmachen? Wovon zahlt Ihr Partner oder Ihre Partnerin z.B. die Miete? Wer ernährt und kleidet Ihre Kinder? Wer spielt mit ihnen und überprüft die Hausaufgaben? – Sie können auch keinen Koffer packen wie sonst auf Reisen. Es bleibt höchstens ein Rucksack mit dem Allernotwendigsten, ein paar Hemden, Socken und etwas Unterwäsche zum Wechseln, ein warmer Pullover für die kalten Nächte. Denn wo wollen Sie schlafen? Doch nicht etwa im Hotel oder Gasthaus? Eher auf einer Parkbank oder mal im Bahnhof, vielleicht sogar im Obdachlosenheim. Wenn Ihnen dann so rein zufällig nach einigen Wochen irgendwo Nachbarn begegnen, mein Gott, dann geht das Getratsche los.

Also, was würden Sie tun, wenn anderntags der junge Mann wiederkäme? – Ich für meine Person müsste ihm sagen, so bin ich überfordert, aber vielleicht kann ich dir den einen oder anderen Abend oder freien Samstag schenken und hin und wieder ein paar Minuten, wenn mich gerade mal irgendjemand braucht.

Alle hundert Jahre treffen sich in einem Garten auf den Hügeln des Libanon Jesus von Nazaret und der Jesus der Christen. Dann sprechen sie lange miteinander, und jedesmal verabschiedet sich Jesus von Nazaret mit den Worten: »Mein Freund, ich fürchte, dass wir niemals, niemals übereinstimmen werden.«

Khalil Gibran

Stichwort: *Jesus von Nazaret*

aus einem Religionslexikon

Als gesicherte Grunddaten seines Lebens gelten, dass er zwischen 8 – 4 v.Chr. geboren wurde. Er wurde Jude und wuchs in Nazaret/Galiläa in einer armen Familie auf. Sein Vater *Joseph* war Zimmermann, und auch Jesus wird vermutlich diesen Beruf erlernt haben. Seine Mutter hieß Maria. Vor seinem öffentlichen Auftreten mit ca. 30 Jahren ließ Jesus sich von Johannes dem Täufer taufen. Danach zog er als Wanderprediger durch Galiläa und sammelte Anhänger um sich. Von den Frommen seines Volkes wurde er wegen seiner Einstellung gegenüber den geltenden Gesetzen abgelehnt. Um das Jahr 30 n.Chr. wurde Jesus von den jüdischen Behörden festgenommen und mit Hilfe des römischen Statthalters Pilatus wegen Volksaufwiegelung zum Tode verurteilt und in Jerusalem am Kreuz hingerichtet.

Diese äußeren Daten geben jedoch noch keinen Einblick in sein Tun, sodass sich die Frage stellt, welche Aussagen und Handlungen dem historischen Jesus zugeschrieben werden können. Charakteristisch für das Wirken Jesu ist seine Verkündigung des Reiches Gottes. Von ihr her bestimmen sich nicht nur seine Handlungen, sondern auch sein Selbstbewusstsein: Jesus verkündet nicht sich selbst. Im Mittelpunkt seines Lebens steht Gott, der dabei ist, seine Herrschaft aufzurichten. Das ist die Sache, die Jesus vertritt. Aber wenn er in seiner Antrittspredigt in der Synagoge von Nazaret behauptet, dass sich die Gottesherrschaft heute, in seiner Predigt, in seinen Wundertaten, in seinem Kommen ereignet, dann gehört er notwendig in diese »Sache« hinein. In Jesu Person kommt die Gottesherrschaft zu den Menschen. In seinen Mahlgemeinschaften mit Zöllnern und Sündern setzt Jesus sich über alle religiösen und sozialen Schranken hinweg. Wenn man weiß, dass damals Mahlgemeinschaften eine tiefreligiöse Dimension hatten – man war in Gemeinschaft vor Gott zusammen –, dann ist hier mehr als Humanität und Mitgefühl angesprochen. Hier erkennen Menschen die Liebe Gottes in Tat und Person Jesu.

Jesus selbst hat sich nicht ausdrücklich als Messias bezeichnet, eine indirekte Aussage aber durchzieht wie ein roter Faden seine Verkündigung. So beansprucht Jesus Autorität, er tut den ursprünglichen und endgültigen Willen Gottes kund.

Die Autorität, mit der Jesus sprach und handelte, brachte die ersten Christen dazu, Jesus als »Sohn Gottes, Messias, Herr (Kyrios)« usw. zu bezeichnen. Von ihren Begegnungen mit dem Auferstandenen her konnten sie das Wirken Jesu auf Erden von Beginn an als das Wirken des Gottessohnes begreifen. Für sie gab es keine Trennung zwischen irdisch und himmlisch, menschlich und göttlich, vielmehr bildeten irdischer Jesus und erhöhter Christus eine Einheit, die in dem Titel »Jesus Christus« ihren umfassenden Ausdruck fand.

Jesus verkündet seine Botschaft vom Reich Gottes gerne in Gleichnisbildern aus dem täglichen Leben, die uns Menschen vertraut sind. Ihrer Tiefsinnigkeit sollten wir am Beispiel des häufig gebrauchten Bildworts *Tür* einmal nachspüren: s. S. 24!

Biblisches Bildwort Tür

Wer meine Stimme hört und die Tür öffnet, wenn ich anklopfe, bei dem werde ich eintreten und mit ihm Mahl halten! (Offenbarung 3,20)

Die Jungfrauen, die bereit waren, gingen mit in den Hochzeitssaal, und die Tür wurde zugeschlossen. (Matthäus 25,10)

Das Tor, das zum Verderben führt, ist weit, aber das Tor, das zum Leben führt, ist eng! (Matthäus 7,13-14)

Der Hirte geht in den Schafstall durch die Tür. Die Diebe brechen anderswo ein. (Johannes 10,1)

Als die Jünger am Abend die Tür aus Furcht verschlossen hatten, trat plötzlich Jesus in ihre Mitte und sagte: Friede sei mit euch! (Johannes 20,19)

Wahrnehmungsimpulse

Schöne, alte Haus- und Kirchentüren aufsuchen und kleine Geschichten erfinden, was diese Türen alles erzählen könnten.

Kleine Türszenen des Alltags pantomimisch spielen, deren Motive von den Zuschauern erraten werden müssen.

Die biblischen Bildworte in kleine Spielszenen umsetzen: z.B. wenn jemand anklopft, wenn Diebe einbrechen ...

Sich gegenseitig Geschichten erzählen, in denen Menschen hautnah erlebt wurden, die wie eine Tür verschlossen oder offen waren. Wo man z.B. vergeblich angeklopft hat?

Sich gegenseitig Geschichten erzählen, wo jemand wie durch verschlossene Türen zu einem Menschen in Not oder Einsamkeit vorgedrungen ist und inneren Frieden gebracht hat.

Miteinander beten

»Beten ist für mich nicht mehr so selbstverständlich, wie es für meine Eltern war … Beten ist ein Stück aus der Mode gekommen … Beten scheint die Welt nicht zum Guten verändert zu haben … Erwartungen auf die Hilfe Gottes scheinen umsonst … Gott ist uns ferner gerückt … Der Alltag lässt außerdem kaum oder sogar keine Zeit für Besinnungsminuten …«

Diese Äußerungen einiger Eltern bei einem Elternabend führen zu der Frage: »Warum beten Menschen? Was meint Beten überhaupt?«

Wir drücken unsere Gedanken aus, die um Glück, Freude und Leid kreisen und haben ganz unterschiedliche Gefühle dabei. Wir möchten uns damit an jemanden wenden, eine Beziehung aufnehmen, sonst wäre das alles überflüssig. Wenn wir beten, wenden wir uns an Gott, wir haben ihm unser Herz geöffnet. Eine Beziehung – das ist uns doch vertraut – lebt von vielerlei Zeichen, Worten und Gesten. Sie will Ausdruck finden, wenn sie lebendig bleiben soll. So ist auch unser Beten vielfältiger Ausdruck unserer Beziehung zu Gott. Da ist es nun ganz entscheidend, wie wir von klein auf diese Beziehung haben aufbauen können:

- Hatten wir Vater oder/und Mutter, die beteten und uns in ihr Gebet mit einbezogen;
- haben wir von ihnen erfahren, dass Gott der Verlässliche, aber auch Unbegreifliche ist;
- konnten wir Gott eigene kindliche Worte sagen oder war Beten nur eine langweilige Pflichtübung mit auswendig gelernten, oft unverständlichen Texten;
- war von Gott nur an Feiertagen die Rede;
- wurde Gott sogar als Erziehungsgehilfe missbraucht, sodass Ängste aufkamen und wir als junge Menschen uns distanzieren mussten, um leben zu können?

Es tut gut, über die eigenen Erfahrungen nachzudenken und sich untereinander auszutauschen: Wie es war in der Familie, im Kindergarten, in der Schule, in Jugendfreundschaften, Jugendtreffs oder -gruppen usw.? Das kann entlasten und weiterbringen.

Die Vorbereitung des eigenen Kindes auf die Erstkommunion kann eine gute Chance sein, die eigene Beziehung zu Gott zu hinterfragen, vielleicht neu aufzubauen, der Beziehung zu Gott im Gebet auf die Spur zu kommen.
Der folgende Text vom »Du Gottes in unserem Herzen« kann dabei eine Hilfe sein, Unsicherheiten zu klären und neue Perspektiven zu entdecken.

Wenn du beten lernen willst

Wenn du beten lernen willst, dann schaffe Raum für ein DU in deinem Herzen. Unser Herz ist ganz besetzt vom Ich. Von jenem Ich, das Angst hat und sich Sorgen macht, das sich selbst bespiegelt oder sich aufbläst. Aber es gibt auch eine tiefe Sehnsucht nach einem DU, nach Geborgenheit und Gelassenheit, nach einem Du, das meinem Leben Sinn und Halt gibt. Dieses *DU Gottes* wohnt ganz tief in deinem Herzen.

Dem Du Gottes Raum geben, dazu braucht es zunächst das Schweigen. Unser Inneres ist voller Reden. Immer sind wir beschäftigt: Mit Gedanken, Plänen, Wünschen, Sorgen. Und wir reden mit uns selber. In diesem Dickicht der Worte kann man das Du Gottes nicht hören. Um Gott hören zu können, muss man ganz still werden ... Ins Schweigen kommen heißt: ... die Gedanken loslassen, mich von den Sorgen um mich selber verabschieden.

Im Beten brauche ich Gott keine schlauen Gedanken vorexerzieren. Ich darf mit ihm sprechen, wie mit einem vertrauten Freund. Ich darf vor ihm mein Herz ausschütten, mit allem, was darin ist. Auch mit dem Schmerzlichen, Peinlichen und Dunkel. Ich brauche vor Gott nichts zu verbergen, da er mich ohnehin besser kennt, als ich mich selber je durchschaue. Im Gebet darf meine Wirklichkeit einfach dasein.

Wenn ich bete, bin ich mit meinem Herzen und mit allem, was mich bewegt, nicht allein. Ich halte nicht nur ein einsames Selbstgespräch, sondern ich schaue alles an in der Gegenwart eines liebenden DU. Und alles, was mich bewegt, brauche ich nicht loszuwerden in der Sorge, dass ich dem anderen, Gott, auf die Nerven gehe. ... Ich darf Gott sagen, was ich will. Zum Gebet wird dies aber nur dann, wenn alles umfangen wird von der einen Bitte: Dein Wille geschehe.

Wenn du beten lernen willst, fange an mit ganz kleinen Schritten. Lerne zunächst Aufmerksamkeit. Wach sein für die Wirklichkeit, in der du lebst, deine Begegnungen, deinen Alltag ... Staune über die Wunder des Lebens. Freue dich über eine echte Begegnung. Höre darauf, wie Gott so in allen Dingen zu dir spricht und dich einlädt, in deinem Vertrauen und in deiner Liebesfähigkeit zu wachsen.

Schenke dir selber eine gute Zeit für das Gebet. Wer das Beten ganz an den Rand seiner Zeiteinteilung drängt, gleicht einem Menschen, der für seinen Freund nur noch ganz am Rande Zeit hat und sich wundert, dass die Freundschaft vertrocknet ... Und Beten braucht wie alles Wachsen und wie jede Beziehung Regelmäßigkeit.

Andreas Knapp (gekürzte Fassung)

Nicht nur mein Mund betet ...

... am Morgen

Der Tag hat begonnen. Ich stehe am Fenster und schaue, wie die Sonne strahlend aufgeht. Ich strecke meine Arme dem Sonnenlicht entgegen, hoch über meinem Kopf. Freude durchströmt mich: »Gott, ich danke für das helle Licht!«

Nun breite ich meine Arme weit aus. Ich öffne mich für den neuen Tag: »Gott, ich empfange meinen Tag von dir!«

Ich spüre die Wärme und Kraft der Sonne. Ich höre, wie die Vögel zu singen beginnen und sehe, wie die Tautropfen auf den Blättern glänzen: »Deine Schöpfung, Gott!«

Meine Arme sinken, ich neige meinen Kopf vor dir, ich sinke auf meine Knie. Meine Hände und meine Stirn berühren den Boden. Ich spüre die Erde: »Gott, ich fühle mich getragen!« Ich hebe meinen Kopf und richte mich auf. Ich strecke meine Arme aus und öffne meine Hände: »Ich halte meinen Tag und freue mich!«

Ich lasse meine Arme sinken und falte meine Hände: »Gott, mit deinem Licht will ich an meine Arbeit gehen und annehmen, was auf mich zukommt: Licht und Schatten.«

... am Abend

Ich bin müde, ziehe mich aus und lege mich ins Bett. Ein Gefühl des Wohlbehagens durchströmt mich. Ich brauche nicht mehr aufrecht zu stehen und mich anzustrengen. Ich fühle mich von meinem Bett getragen: »Gott, ich fühle mich getragen!«

Ich decke mich zu, die Decke umhüllt und wärmt mich: »Gott, ich fühle mich geborgen!«

Ich schließe meine Augen. Alles um mich herum verschwindet im Dunkeln. Meine Augen dürfen ausruhen und brauchen nichts mehr zu sehen. Ich vertraue mich dem Dunkel an: »Gott, ich vertraue mich dir an!«

Mein Mund ist still, ich brauche nicht mehr zu sprechen. Meine Glieder werden ruhig. Ich halte mich nicht fest – ich lasse mich fallen: »Gott, ich lasse mich fallen in deine Obhut!«

Nur mein Atem geht weiter – Zeichen meines Lebens. Ich atme ruhig ein und aus. Mein Atem sagt mir, dass ich hoffen darf, morgen wieder zu erwachen: »Gott meines Lebens!«

Ich schlafe ein: »Vater, in deine Hände empfehle ich meinen Geist!«

... in dunkler Nacht

Die Dunkelheit lastet auf mir. Ich bin aus einem schweren Schlaf aufgewacht. Sorgen quälen mich. Ich weiß keinen Ausweg. Ich presse meine Fäuste zusammen und drücke meinen ganzen Körper fest an den Boden. »Gott, ich rufe dich in der Nacht: Wo bist du? Lass mich nicht allein in meiner Not.«

Das Mandala entstammt dem Sanskrit und bezeichnet Kreisbilder um eine Mitte. Solche Kreisbilder finden wir vielfältig in der Natur und sie berühren uns zutiefst, wenn wir sie betrachten: z.B. die Margerite, die Sonnenblume, der rote Mohn, die Jahresringe einer Baumscheibe. Alles ist zentriert um eine Mitte. Heute entdecken wir sie wieder neu als Sinnbild unseres eigenen Lebens. Wir suchen im Kreisen unseres Lebens unsere Mitte, um auf unseren Punkt zu kommen. Betrachten Sie das Mandala, wählen Sie Farbstifte aus und fangen sie an auszumalen, von außen nach innen oder von innen nach außen. Sie können dabei erfahren, wie wohl es Ihnen tut, sich auf die Mitte zu konzentrieren.

Mit unseren Kindern beten – einige Aspekte

Die Stille entdecken: Unser Alltag ist erfüllt mit Angespanntsein, Hektik, Lärm bis in unsere Freizeit hinein. Es ist wichtig, uns und dem Kind das Erlebnis der Stille zu schenken, damit wir uns innerlich versammeln können. In der Stille kann sich das Herz für Gott öffnen und für eine Weile *alles davonfliegen*, was zu sehr beschäftigt, wie es das Titelbild S. 17 im Kinder-Werkbuch zeigt. In der Stille können die Kinder offen sein zu hören und zu lauschen, zu schauen, zu fühlen, zu riechen (WB S. 56/58). Kinder genießen auch die Geborgenheit, mit anderen in der Stille zusammen zu sein. – Stille verbindet auf ganz eigene Weise.

Das sollte ganz einfach sein: am Abend sich z.B. ruhig auf einen Stuhl setzen, die Füße ohne Schuhe auf dem Boden, den Rücken aufrecht, die Hände auf den Oberschenkeln; oder sich mit dem Rücken auf eine Decke legen, die Arme neben dem Körper, spüren, wie der Körper ruhig wird, den Atem spüren, wie er kommt und geht ohne unser Zutun, spüren, wie der Boden uns aufnimmt; dann eine Weile auf die lauten und leisen Geräusche zunächst drinnen, dann draußen lauschen ... den Atem wieder spüren, sich dehnen und strecken. Nur wenige Minuten sollte die Übung jeweils dauern und auf je verschiedene Weise variiert werden. Kindern auch Orte der Stille, an die sie sich gerne zurückziehen, belassen und diese achten.

Alles aussprechen dürfen, was innerlich beschäftigt, was erfreut, schmerzt oder bedrückt, worum man bitten oder wofür man danken möchte. Dem Kind fällt es leichter, dies mit eigenen Worten zu tun. Dann kann es genau ausdrücken, was es persönlich bewegt. In vorformulierten Gebeten findet sich das jüngere Kind oft nicht wieder oder versteht sie gar nicht. Solche Gebete schaffen keine Nähe, eher Distanz. Jedoch sollten die freien Gebete immer wieder einmal durch eigene *ausgewählte* Traditionsgebete ergänzt werden, damit das Kind erfährt, dass es in einer langen Gebetsgemeinschaft steht. Beide Formen finden sich im Werkbuch für die Kinder.

Auf das Gottesbild achten, das im Gebet aufscheint. Gott ist ein Gott, der uns Vater und Mutter ist, der zu uns steht, der unser Heil will, aber auch der Ganz-Andere, Unbegreifliche. Ganz nahe ist den Kindern Jesus, der sie durch die ganze Vorbereitungszeit in besonderer Weise begleitet (siehe hierzu S. 12f. und S. 18f.).

Vom rechten Bitten: Kinder, die noch auf eine naive Weise eine direkte Erfüllung ihrer Bitten erwarten, müssen nach und nach erkennen, dass Gott im Bittgebet nicht verfügbar gemacht werden kann. Im Bittgebet mit Gott sprechen, kann dem Kind helfen, innerlich in Bewegung zu kommen, herauszufinden, was es selber beitragen kann, z.B. damit sich etwas ändert, oder was es annehmen muss, aber mit der Zusicherung Gottes: »Ich habe dich eingezeichnet in meine Hände« (Jesaia 49,15), ich gehe mit dir, hab keine Angst! Kinder können schon begreifen, dass die direkte Erfüllung einer Bitte nicht die einzige mögliche Form der Zuwendung Gottes ist.

Für andere bitten ist dem Kind dieser Altersstufe ganz nah. Auch hier muss das Kind erfahren, dass ein solches Gebet das persönliche Handeln mit einschließt. Wir können z.B. Gott nicht für die Hungernden bitten, wenn wir nicht selber bereit sind, mit ihnen unser Brot zu teilen.

Gott danken ist nicht immer so selbstverständlich wie das Bitten. Und doch liebt das Kind in der Regel seine kindliche Welt, für die es dankbar ist. Oft zählt es die Dinge auf, an denen es seine Freude

hat: die Menschen, die Tiere, der Wald, der Schnee, die Sterne, der Mond, die Rollschuhe und das Fahrrad, der Fußball usw.: ein Reigen von Menschen und Dingen, für die es Gott danken kann. Das Kind wird so aus der Haltung herausgeführt, dass alles selbstverständlich ist. Es kann seinem Staunen und Danken einen Namen geben: *Gott*. (WB S. 87-96)

Beten kennt viele Gesten: Beten will uns helfen, mit unserem Körper und offenem Herzen vor Gott zu stehen. Kinder lieben den abwechselnden Rhythmus von Bewegung und Ruhe. Sie sind ganz anders da, wenn sie sich immer wieder auf verschiedene Weise ausdrücken können: einmal ganz versammelt, dann im fröhlichen Tanzen, im Öffnen der Arme oder Falten der Hände usw. Seite 21 im Werkbuch zeigt, wie auf diese Weise z.B. das *Vaterunser* gebetet werden kann.

Regelmäßiges Beten: Wir wissen, wie wichtig bestimmte *Rituale* im Verlauf eines Tages, einer Woche, eines Jahres sind. Sie schaffen einen lebensnotwendigen Rhythmus und geben besonders dem Kind Sicherheit. Es ist gut, wenn das Beten in diesem Rhythmus seinen Platz findet. Auf diese Weise können Kinder ihre Beziehung zu Gott lebendig werden lassen und ihr Vertrauen in ihn festigen. Wichtig ist dabei für das Kind, dass es erfährt, wie seine Eltern mit ihm beten. Es muss spüren können, dass auch die Eltern ihr Vertrauen in Gott setzen. Die alltäglichen und besonderen Erfahrungen aller, die zusammenleben, sollten regelmäßig in Worte zu Gott gebracht werden, vielleicht beim Essen, am Abend, wenn der Tag ausklingt, auf natürliche Weise – so wie es einem ums Herz ist –, wie es allen guttut.

Sinnbilder in unserem Leben

Herr und Frau Rieger haben Hochzeitstag. Sie sitzen beim Frühstück. Frau Rieger reicht ihrem Mann das Körbchen mit von ihr gebackenen Brötchen. Er nimmt eines, teilt es in zwei Hälften, bestreicht eine mit Butter und Honig und reicht sie seiner Frau. Sie nimmt die andere Hälfte, bestreicht sie ebenfalls mit Butter und Honig und reicht sie ihrem Mann.

Ein alter König schickte seinen Sohn aus, das Brot der Liebe zu suchen. Erst wenn er es gefunden habe, könne er selber König werden.
Und der Königssohn musste erfahren, wie schwer es war, dieses Brot zu finden. Erst ein Junge, der die Schafe hütete, zeigte ihm ein kleines Brot, das seine Mutter für ihn gebacken hatte. Das teilte er mit dem hungrigen und müden Prinzen. Da wusste der, endlich hatte er das Brot der Liebe gefunden, das Brot, das Menschen miteinander teilen. (WB S. 80)

Zwei Männer in der Wüste – Notlandung mit einem Flugzeug. Die Feldflasche ist leer – kein Wasser mehr. Die Trockenheit im Mund schnürt die Kehle zu. Die Männer sind verzweifelt. Ohne Wasser sind sie verloren. Plötzlich erscheint ein Araber. Er lässt die Männer vorsichtig trinken. Wasser! Sie tauchen das ganze Gesicht hinein: »Wasser, du hast weder Geschmack noch Farbe, noch Aroma … Es ist so, dass man dich zum Leben braucht: du selber bist das Leben!« (WB S. 66)

Was ist schon dabei? – Da isst ein Ehepaar an seinem Hochzeitstag ein Brötchen zum Frühstück, was soll's! Dieses Brötchen, sicher, es ist nur ein Lebensmittel aus Mehl, Hefe, Salz und Milch. Aber wie es nun geteilt wird, da ist es *mehr als alles das.* Es weist das Ehepaar an diesem Morgen auf etwas hin, das hinter dem Materiellen steckt, nämlich auf das bisher miteinander geteilte Leben. Die beiden Bedeutungs-Hälften machen erst das ganze Brötchen aus und werden so zu einem *Sinn-Bild* ihres bisherigen gemeinsamen Lebens.

Für den Königssohn auf seiner Suche wird das einfache Brot des Hirtenjungen zum *Sinn-Bild* der Liebe. Der Hirtenjunge erkennt die Erschöpfung und den Hunger des Suchenden und zeigt seine Zuwendung im Teilen des Brotes. Auch das Wasser in der Wüste wurde für die Männer mehr als nur eine Flüssigkeit zum Trinken. Es wurde für sie zum *Sinn-Bild* des Lebens überhaupt. So ist es immer. In etwas Sichtbarem können wir etwas eigentlich Unsichtbares entdecken.

Ein solches Sinnbild nennen wir auch Symbol. Das Wort Symbol stammt aus der alten griechischen Sprache und geht auf den Brauch zurück, dass Familienmitglieder, Freunde oder Geschäftspartner vor längeren Reisen einen Ring in zwei Hälften brachen. Jeder bekam eine Hälfte, die man nach einer oft jahrelangen Reise bei der Ankunft zusammenfügte und sich so wiedererkennen konnte. Die eine Hälfte weist also auf die andere hin, macht deutlich, dass noch etwas Wichtiges zum Ganzsein fehlt. Symbole helfen uns also, die zweite Hälfte zu entdecken, das, was noch dazu gehört, sich aber zunächst noch verbirgt.

Das Werkbuch für die Kinder enthält viele Symbole in Dingen, Bildern und Geschichten. Bestimmt macht es Spaß, sie mit den Kindern im Laufe der Vorbereitungszeit zu entdecken.

Was wir miteinander tun können

Sich an Dinge erinnern, die zu einem Sinnbild im Leben geworden sind: eine Blume, die sorgfältig getrocknet wurde ... ein Bild, ein Foto ..., ein Schuh ..., ein Stein oder eine Feder ..., ein Glas oder ein Krug ..., ein Ring oder eine Kette ..., ein Stock aus dem Wald, ein Stück, ein T-Shirt, eine Perle usw. Vielleicht haben wir einiges sorgfältig aufbewahrt und können uns in der Familie – wenn wir mögen – davon erzählen, was sie uns bedeuten, für welche Erfahrung, welches Erlebnis sie stehen, wie sie zu einem wichtigen Sinnbild geworden sind. Wir können die Erfahrung machen, wie dabei die Ereignisse in uns wieder ganz lebendig werden.

Gott in dieser Welt erfahren

Die Dinge und Geschöpfe in unserer Welt, die wir mit all unseren Sinnen erfahren können, verweisen uns letztlich auf den, dem wir diese Welt verdanken: Gott. Sie sind die *Fußspuren Gottes* in unserer Welt. Sie sind Sinnzeichen, Symbole für die Wirklichkeit, die hinter der unsrigen verborgen ist. Die Welt ist so durchscheinend auf Gott hin. Wir Christen nennen bestimmte Symbole *Sakramente*: Gott will uns zeichenhaft Mitteilungen zukommen lassen. Die intensivste Mitteilung Gottes geschah in Jesus Christus. Durch ihn haben wir erfahren, wer Gott, der Ganzandere, der Geheimnisvolle ist. Jesus hat es so ausgedrückt: »Wer mich gesehen hat, hat den Vater gesehen« (Johannes 14,9).

Dass Gott den Menschen liebt, sein Heil will, dafür hat Jesus glaubwürdiges Zeugnis abgelegt: durch das, was er gesagt, wie er gelebt hat, wie er bis zu seiner Hinrichtung zu diesen Aussagen gestanden hat, danach als Auferweckter seinen Freunden und Freundinnen nahe war. So nennen wir Christen Jesus *das Ursakrament*. Er ist wirklich die intensivste Mitteilung Gottes an uns Menschen.

Die katholische Kirche benennt *sieben Sakramente*, die unser Leben an bestimmten Wende- und Knotenpunkten begleiten und unter die heilvolle Zuwendung Gottes stellen:

Sakrament der Taufe – Aufnahme in die Gemeinschaft der Christen und der Kirche;

Sakrament der Eucharistie – Gemeinschaft mit Gott und untereinander;

Sakrament der Buße – Schuld, Umkehr und Versöhnung;

Sakrament der Firmung – Erwachsen- und Verantwortlichwerden;

Sakrament der Ehe – Liebe, Partnerschaft, Familie;

Sakrament der Krankensalbung – Stärkung, Trost und Hoffnung;

Sakrament der Priesterweihe – Sakrament des Dienstes.

Symbole beim Taufsakrament

Die Taufe ist das Sakrament der Aufnahme in die Gemeinschaft der Kirche. Beim Fest der Erstkommunion werden Kinder und Erwachsene an die Taufe erinnert. Einige Symbole der Taufe machen uns den Zusammenhang deutlich:

Das Wasser

Kinder und Erwachsene haben vielfältig Erfahrungen mit Wasser gemacht. Wir Menschen wissen, wie lebensnotwendig Wasser ist, aber auch, wie bedrohlich es werden kann. Wir sollten in der Vorbereitungszeit mit den Kindern besonders solche Erfahrungen mit Wasser suchen, bei denen es als ein Element deutlich wird, das Leben gibt, das reinigt und heilt, das verändert.

Vertrocknete Blumen mit Wasser versorgen, erfahren, wie das lebenspendende Wasser sie aufleben lässt und sie verändert; einen Dursttag lang keine Flüssigkeit trinken – am Abend um einen Wasserkrug sitzen, ein Glas mit Wasser füllen, daran riechen, dankbar das Wasser schluckweise trinken; mit den Kindern am Bach, am Strand, am See entlang wandern und Dinge sammeln: Steine, Holz, Pflanzen usw., schauen, wie das Wasser sie verändert hat; mit den Kindern erzählen, wie Wasser heilen kann: z.B. dass ein Wasserwickel um die Waden Fieber senken kann, warmes Thermalwasser kranken Menschen helfen kann, kalte Wassergüsse ebenfalls heilen können.

So wird das Wasser zum Symbol: Durch das Wasser der Taufe erhalten wir neues Leben durch Gott. Gott steht zu uns, will uns heil machen an Leib und Seele. Das macht uns das Jona-Märchen aus dem AT deutlich (WB S. 68): Der Täufling taucht wie Jona aus dem Wasser auf zu neuem Leben, er lässt das alte Leben im Wasser zurück. Durch das Wasser der Taufe empfängt der Mensch ein neues Leben in Christus und wird aufgenommen in die Gemeinschaft der Christen.

Was uns die Rose von Jericho erzählt

Diese Rose ist ein Wüstengewächs und rollt sich kugelförmig zusammen, wenn es trocken wird in der Wüste. Wer sie während der Trockenzeit entdeckt, denkt, sie sei vertrocknet und abgestorben. Aber wenn dann die Regenzeit kommt und die ersten Regentropfen fallen, ist es wie ein Wunder. Die Rose erwacht zu neuem Leben: Aus einem vertrockneten Knäuel entfalten sich filigranartige grüne Blätter zu einer Rosette. Sie erzählt den Menschen, dass nach trockenen Zeiten im Leben immer wieder ein lebenspendendes Wasser kommt, das die Dinge zum Guten wendet. Für uns Christen ist die Wunderrose zu einem Symbol der Auferstehung und des ewigen Lebens geworden. Manche Leute schenken sie sich zu Ostern.

Wir können die Rose von Jericho als vertrocknetes Knäuel in Blumengeschäften kaufen und sie in eine Schale mit leicht warmem Wasser legen. Wir brauchen nicht lange auf das Wunder zu warten: In kurzer Zeit erwacht die Rose zu neuem Leben.

Die Kerze

Bei der Taufe wird vom Vater, dem Paten oder der Patin die Taufkerze an der Osterkerze angezündet zum Zeichen, dass das Kind in seinem Leben vom Licht Jesu erleuchtet werde. Bei der Feier der Erstkommunion ist das kleine Kind größer geworden und trägt nun seine Kerze als Kommunionkerze selber, ein Zeichen, dass es seinem Vermögen gemäß wie Jesus ein Licht in dieser Welt sein möchte.

Das ist ein Grund, die Kerze festlich zu schmücken. Wenn keine Taufkerze mehr vorhanden ist, kann das Kind eine schlichte Kerze zum Schmücken aussuchen. Aus dünnen, bunten Wachsplatten kann das Kind z.B. Christussymbole ausschneiden, die es aus der Gruppenarbeit kennt: Brot, Weintrauben, Weinstock, Kreuz, Sonne usw. Die Motive werden am besten mit einem Küchenmesser ausgeschnitten und auf die Kerze aufgedrückt. Ist die Jahreszahl der Taufe oben angebracht, kann die Jahreszahl der Erstkommunion unten aufgedrückt werden (sonst beide anbringen). Das macht dem Kind das Eingebundensein seines Lebens in die Freundschaft mit Jesus sinnfällig. Am Morgen des Festtages kann die Kerze dann noch mit frischem, rankendem Grün geschmückt werden (WB S. 70-71).

Das weiße Kleid

Das Taufkleid ist weiß. »Weiß ist neben Gold die Farbe des ungetrübten Lichts, die Farbe der göttlichen Herrlichkeit. Weiß ist das Gewand Christi und derer, die an ihm teilhaben. So wurden in frühchristlicher Zeit bei der Taufe die alten Kleider (der alte Mensch) abgelegt und die neuen weißen Kleider (Christi) angelegt« (I. Riedel, Farben in der Religion). Das Kleid, die zweite Haut des Menschen, ist ein Symbol für seine Lebensgestalt, das weiße Kleid wird nun zum Zeichen, dass er eine neue Lebensgestalt, nämlich die eines Christen erhält. Das Kleid hebt seine Würde als Christ hervor.

Sakrament Brot und Wein

Die Botschaft des Brotes

Brot kennen wir alle, wir essen es täglich, oft mehrmals. Ein Blick in jede Bäckerei zeigt es uns: hierzulande gibt es Brot im Überfluss. Vielleicht tut es heute not, das Brot wieder als ein Sinnbild unseres Lebens zu entdecken, es gewissermaßen von innen anzuschauen.

Brot gibt es seit uralten Zeiten in vielen Kulturen. Wenn wir uns z.B. bei den alten jüdischen und christlichen Völkern umschauen, entdecken wir schnell, dass Brot als eine göttliche Gabe begriffen wurde, die den Menschen das Leben sichert, wofür Gott Dank gebührt – eine Gabe jedoch, um die sich der Mensch mühen muss. Brot ist für die Menschen so eine *Frucht der Erde und der menschlichen Arbeit*.

Das Brot will uns noch mehr bedeuten. Es erzählt uns davon, wie sich im Leben unaufhörlich alles wandelt. Das Gedicht von Wilhelm Busch, im Kinderwerkbuch S. 78, macht es uns auf humorvolle Weise deutlich: vom Korn zum Brot, das ist ein ständiger Prozess des Loslassens, Sichveränderns und Sterbens, damit Neues entstehen kann. Kennen wir das nicht auch in unserem Leben: die Dunkelheit und Enge, werden wir nicht auch oft zerrieben wie die Körner, müssen in unserem Leben etwas loslassen, damit Neues entstehen kann?

Aber das Befreiende und Beglückende an der Brotgeschichte ist doch die Mitteilung, dass jeder Wandlungsprozess sich lohnt, um zu einer neuen Lebensqualität zu gelangen, auch um *nährendes Brot* für andere werden zu können.

Brot will gebrochen und geteilt werden, wie die Eheleute es am Hochzeitstag gemacht haben. So konnte es zum Sinnbild ihres gemeinsamen Lebens werden. Brot teilen, das schafft Beziehung und bringt das Miteinander-Teilen des Lebens zum Ausdruck. Wer mit jemandem ernsthaft sein Brot teilt, schenkt ihm persönliche Nähe und lädt ihn ein, sein *Brot-Kumpane* zu sein, ein Ausdruck für tiefe, persönliche Verbindung.

»Wenn das Weizenkorn nicht in die Erde fällt und stirbt, bleibt es allein. Wenn es aber stirbt, bringt es viele Frucht.«

Johannes 12,24

Brot erinnert uns auch daran: Es dürfte keine Hungernden geben, denen es an Brot und Zuwendung mangelt. Brot für alle: Davon will uns unter anderem auch die biblische Geschichte von der Brotvermehrung erzählen, die uns die Evangelisten aufgeschrieben haben: Teilen ist wie ein Wunder, alle werden satt (WB S. 124-125).

Was wir beim Brotbacken erfahren

Wir können mit unseren Kindern selber Brot backen, um es mit anderen Augen sehen zu lernen. Zunächst kann es ein einfaches Brot sein. Ein Rezept findet sich im Kinderwerkbuch S. 79. Anstatt Wasser kann auch Milch genommen werden. Dann geht es los, schön abwechselnd, damit alle an die Reihe kommen: Wenn möglich die Körner in einer Getreidemühle mahlen (eine alte Kaffeemaschine tut's auch), schauen, was aus den Körnern geworden ist und das Körner-Mehl auf den Tisch sieben, mitten in den Mehlberg ein kleines Loch drücken und dahinein die Hefe bröseln, etwas lauwarme Milch mit einem halben Löffelchen Zucker hinzugießen und mit ein bisschen Mehl zu einem dicken Brei rühren, zuletzt ein warmes Küchentuch über den Mehlberg legen. Dann heißt es eine Weile warten! Die Mutter kann von den winzigen Hefepilzen erzählen, die sich jetzt in der Wärme vermehren und den kleinen Brei im Mehlberg vergrößern. Gespannt wird das Tuch weggenommen, und alle staunen bestimmt. Mutter oder Vater mengt nun alle Zutaten zusammen, dann geht das Kneten los. Der Teig muss ordentlich durchgeknetet werden. Da können wieder abwechselnd alle ihre guten Wünsche mit hineinkneten. Zuletzt wird der Teig zu einem schönen Ball geformt, mit Mehl bestäubt, wieder zugedeckt und an einen warmen Platz gestellt. Der Teig braucht nun Ruhe. Dabei können alle die Erfahrung machen, dass der Teigball nicht tot ist, sondern dass die Hefepilze an der Arbeit sind und Leben in ihm herrscht. Wenn das Tuch vorsichtig gelupft wird, ist es zu sehen: Der Ball wächst, wird größer. In ihm regt sich Leben wie bei dem Korn in der Erde, um zu etwas Neuem zu werden. Wenn wir dann den Teig noch einmal durchgeknetet, zu einem Brot geformt und in den Ofen geschoben haben, können wir beobachten, wie die Hitze den so nicht genießbaren Teig in das essbare, knusprige Brot verwandelt. Da bleibt uns nur noch, zu danken und uns auf das leckere Brot zu freuen. »Streiche tüchtig Butter drüber«, heißt es bei Wilhelm Busch, »und gib den anderen auch was ab!«

Die Botschaft des Weines

So lange man denken kann, war der Wein etwas ganz Besonderes. Wie das Brot galt er auch schon in alter Zeit bei vielen Völkern als eine göttliche Gabe. Er war ein Sinnbild für Jugend, Lebensfreude und Unsterblichkeit. So lesen wir in den Büchern des Alten Testaments bei J. Sirach: »Wie ein Lebenswasser ist der Wein für den Menschen, wenn er ihn mäßig trinkt. Was ist das für ein Leben, wenn man keinen Wein hat, der doch von Anfang an zur Freude geschaffen wurde?« (WB S. 82-83). Auch für die Menschen in Palästina zur Zeit Jesu war der Wein ein Sinnbild der Lebensfreude und Liebe.

Der Wein ist die Frucht des Weinstocks und der Mühe der Winzer. Die Winzer haben keine leichte Arbeit. Fast das ganze Jahr haben sie zu tun: die Erde lockern, damit die Rebstöcke *Luft* bekommen und das Regenwasser ungehindert die Erde tränken kann, Unkraut jäten, manchmal auch Schiefersteine in den Weinberg legen, in denen sich das Sonnenlicht spiegeln und so Wärme verteilen kann, die Zweige der Rebstöcke beschneiden und aufbinden, wenn im Herbst die Trauben reifen, die Vögel fernhalten, die den Winzer um seine Ernte bringen können, dann endlich die Traubenlese. Im Werkbuch wird auf S. 77 in einer schönen Geschichte darüber erzählt. Winzer sagen, dass sie bei ihrer Arbeit mindestens 17-mal im Jahr um einen Weinstock herumgehen. Im Lande Jesu übrigens waren die Weinstöcke bedeutend größer als hier bei uns. Auch die Trauben waren größer und hatten nicht selten die Größe eines Taubeneies. Nach der Traubenlese geht für die Winzer die Arbeit im Winzerkeller weiter: die Trauben pressen, keltern, den Saft in Fässer füllen zum Gären, die Gärung beobachten – viel ist zu tun, bis sie den Wein in saubere Flaschen füllen können.

So erzählt auch der Wein davon, wie sich im Leben alles wandelt: hier die Trauben, die nach der Lese zusammengeschüttet und, teilweise schon zerdrückt, auf dem Winzerhof in der Kelter gepresst, als Saft heraussprudeln wie aus einem Saftbrunnen. Aus ihm wird dann durch den Gärungsprozess, durch den weiteren Prozess des Sich-Verwandelns der köstliche Wein. So können wir den Wein wie das Brot als ein Sinnbild des Lebens deuten, das uns Hoffnung gibt im Leben, das sich ständig wandelt und immer wieder neue Lebensmöglichkeiten schafft. (Zu Brot und Wein: WB S. 77-86)

Was wir in der Familie gemeinsam tun können

- Weizenkörner im Garten oder in eine Schale mit guter Erde säen. Die Erde ein wenig feucht halten. In den nächsten Wochen beobachten, wie lange es dauert, bis die ersten grünen Spitzen sich durch die Erdkruste schieben, und weiter, wie der Halm heranwächst, der Weizenhalm Blüten trägt und die Körner in der Ähre heranreifen; beobachten, wie der Weizenhalm zum Leben Erde, Sonne, Wind und Regen braucht; feststellen, wie viele Körner dann in der reifen Ähre aus einem Korn in der Erde gewachsen sind. Wir können erfahren: Wachsen und Reifen geschehen nicht von heute auf morgen – das ist ein langer Prozess des Sich-Wandelns. Ein einziges Korn bringt 80 bis 100 Körner hervor.

- Probieren, wie gut Brot schmeckt: sich zusammensetzen, von einem frisch gebackenen Brot nacheinander ein Stück abbrechen und zunächst still in der Hand halten: Wie fühlt es sich an, wie ist seine Kruste zu spüren? Daran riechen und den Geruch genüsslich einatmen; das Stück in den Mund nehmen und bewusst ganz langsam kauen; kosten, wie das Brot schmeckt, spüren, wie es durch die Speiseröhre in den Magen wandert, um den Hunger zu stillen.

- Einen ganzen Tag bewusst fasten und abends zum Abendbrot genießen, wie gut das Brot schmeckt – ohne es mit Wurst, Schinken oder Käse zu belegen. Sich darüber unterhalten, wie das Fasten durchzuhalten war, welche Gefühle aufkamen und wie danach das Brot schmeckte.

- Einem Familienmitglied werden die Augen verbunden. Ein Teller mit Stückchen der unterschiedlichsten Brotsorten steht bereit. Ihm oder ihr wird jetzt jeweils ein Stückchen Brot in den Mund zum Probieren gesteckt. Sie müssen am Geschmack erraten werden. Wer wird gewinnen?
  Im Freundeskreis der Erwachsenen können so in einer Weinprobe auch Weinsorten gekostet und erraten werden.

- In die Mitte eine Schale mit weißen und blauen Trauben stellen. Reihum nimmt sich jede und jeder eine Traube und spürt sie in der Hand, wie glatt ihre Schale ist, hält sie gegen das Licht, wie sie ausschaut, steckt sie in den Mund, schließt vielleicht die Augen, um die Traube recht schmecken und genießen zu können.

- Wer in einem Weinland wohnt, kann einen Winzer fragen, ob alle oder einige aus der Familie bei der Traubenlese helfen können.

- Aus Trauben Saft pressen: die Trauben erhitzen und in ein Tuch geben. Mit den Händen die Trauben zerdrücken, sodass der Saft herausläuft. Oder einen Tontopf nehmen, ein Sieb darauf stellen, die Trauben hinein schütten und sie mit einem Stampfer zerdrücken, damit der Saft in den Topf läuft. Dann die Trauben im Sieb oder Tuch anschauen – sie sind ausgepresst. Sie haben uns den Saft geschenkt; den Saft in einen Glaskrug gießen – alle erhalten ein Glas mit Traubensaft und schmecken ihn.

- Beim Abendbrot schmücken wir den Tisch. In die Mitte stellen wir den Krug mit Saft und legen ein Brot dazu. Wir überlegen, wie wir danken wollen.

Das Letzte Abendmahl

Wir können still für uns alleine essen und trinken, aber da fehlt etwas. Wir Menschen brauchen das Miteinander rund um einen Tisch. Das tut uns gut. Da können wir miteinander reden, da spüren wir Nähe und Vertrauen.

Von Jesus wissen wir aus den biblischen Erzählungen, wie gerne er immer wieder mit den unterschiedlichsten Menschen zusammen aß und trank, gerade auch mit denen, die es in ihrem Leben nicht einfach hatten, die Frauen z.B., die unheilbar Kranken oder die Verrufenen wie der Zöllner (WB S. 31). Brot und Wein waren die Grundelemente einer jeden besonderen Mahlzeit, *Symbol der Fülle und des Segen Gottes*. Zusammen essen – Mahl halten, wie es damals hieß, bei dem Gott gedankt, erzählt, gesungen, gegessen und getrunken wurde, das bedeutet Angenommensein, Dazugehören, Versöhnung und Freundschaft. Tischgemeinschaft war für sie das Symbol der Gemeinschaft mit Gott.

Dann kam der Abend, an dem Jesus sich mit seinen Freunden zu einem feierlichen letzten Mahl zusammensetzte. Es war das Paschafest der Juden, das Erinnerungsfest an den Tag, als ihre Vorfahren aus Ägypten ausgezogen waren. Jesus spürte wohl die Nähe seiner Verfolger, die in ihm einen Aufrührer sahen, der ihre geheiligten Ordnungen durcheinander zu bringen schien, und ihn deshalb beseitigen wollten. Jesu Gefangennahme war nahe (WB S. 97-108). Er wusste, dass es Zeit war, Abschied zu nehmen. Bei diesem *letzten Abendmahl* wählte Jesus Brot und Wein, die uns in ihrer Wandlung, in ihrem Sterben und Leben Hoffnung bedeuten, zum Zeichen seiner Hingabe für die Menschen.

An diesem entscheidenden Abend, innerlich aufgewühlt und doch bereit, Gewaltlosigkeit und Güte durchzuhalten, koste es, was es wolle, ... drückt Jesus seine Verbundenheit mit denen, die mit ihm essen, auf ganz intensive Weise aus: Er macht das Gemeinschaftszeichen des Mahles, das Gemeinschaftszeichen des jüdischen Lebensbrotes und des Segensbechers ganz ausdrücklich zum Zeichen seiner selbst, seiner inneren Zuneigung und Nähe; denn als er über dem Brotfladen sagt: »Nehmt, esset, das ist mein Leib«, da heißt das nach aramäischem Sprachgebrauch (der Muttersprache Jesu): Das bin ich, das ist meine Existenz für euch und mit euch, seid mir verbunden, geht ein in die Gemeinschaft mit mir, geht ein in das gemeinsame Schicksal. Und als er nach dem Mahl über den Segensbecher sagt: »Das ist mein Blut, für euch vergossen«, da gebraucht er Worte aus alten Texten der Hl. Schrift ... Was er damit sagen will, können wir heute etwa so ausdrücken: Ich gebe mein Leben für euch, trinkt aus meinem Becher, habt Gemeinschaft mit meiner Liebe; Leib und Blut sind Ausdrücke, die den ganzen Menschen meinen.

Theodor Schneider

Eucharistiefeier – Zeichen der Nähe Gottes

Nach dem Tod Jesu waren die Jünger verzweifelt. Sie klagten: Jesus kann doch nicht endgültig von uns gegangen sein. Könnten wir bloß mit ihm in Verbindung bleiben! Der Evangelist Lukas gibt eine Antwort. Er erzählt von zwei Jüngern, die völlig niedergeschlagen nach dem Tod Jesu aus Jerusalem fortgegangen sind. Unterwegs unterhalten sie sich über die schrecklichen Ereignisse. Da gesellt sich ein Fremder zu ihnen und beteiligt sich an ihrem Gespräch. Er erklärt ihnen, was in den Alten Schriften alles geschrieben steht, das auf Jesus hinweist. Als sie am Ziel, dem Dorf Emmaus, ankommen, bitten sie den Fremden, doch mit ihnen zu Abend zu essen. Beim Essen nimmt der Fremde Brot in seine Hände, dankt Gott, bricht es und reicht es den beiden Freunden. Denen gehen schlagartig die Augen auf: das ist Jesus. Das Brotbrechen wird für sie zum Erkennungszeichen. Aber schon sehen sie ihn nicht mehr. Eine große Freude erfasst sie: Gott hat Jesus nicht im Tod gelassen, er lebt. Beim Brechen des Brotes ist er bei uns. Er begleitet unser Leben. Eiligst kehrten sie zurück zu den anderen Freunden und Freundinnen (Seite 139 im WB).

Vor Freude kamen diese in der Folgezeit immer wieder zusammen, erzählten von Jesus, was er gesagt und getan hatte, von seinem Tod und seiner Auferweckung, brachen das Brot und tranken den Wein. Dann war ihnen, als teile er selbst das Brot und reiche ihnen den Kelch mit Wein – mit den Worten: Das ist mein Leib, das ist mein Blut. Sie wussten: Jetzt ist Jesus bei uns mit seiner Kraft. Alles, was beim letzten Abendmahl geschehen war, wurde in ihnen wieder gegenwärtig. Die unterbrochene Beziehung zu Jesus war wiederhergestellt. Sie fühlten sich mit ihm verbunden.

Bis heute feiern wir Christen diese *Feier des Brotbrechens*, die später auch *Mahl des Herrn* genannt wurde oder *Eucharistie*, das heißt *Danksagung*, oder auch *Heilige Messe*, abgeleitet von dem Schlusswort der Messe: *Ite missa est – Gehet hin in Frieden, ihr seid gesendet*. Die Feier hat in ihrer Gestaltung im Laufe der 2000 Jahre bis heute verständlicherweise immer wieder Veränderungen erfahren. Aber sie ist nie aufgegeben worden. Immer waren Menschen da, denen die Feier der Verbundenheit mit Jesus und die Gegenwart Jesu mitten in unserem Leben wichtig war. Das meint auch, sich erinnern an den, der sich auf die Seite der Benachteiligten stellte, der von Gottes grenzenloser Liebe erzählte und sie verwirklichte, der uns aufwecken und ermutigen will, sein Werk fortzusetzen. Die beiden Säulen unserer heutigen Messe schließen sich eng an die Urzeit an: das Wort der Schrift hören und darüber nachdenken – der Wortgottesdienst; das Brot Jesu brechen und austeilen – die Eucharistiefeier.

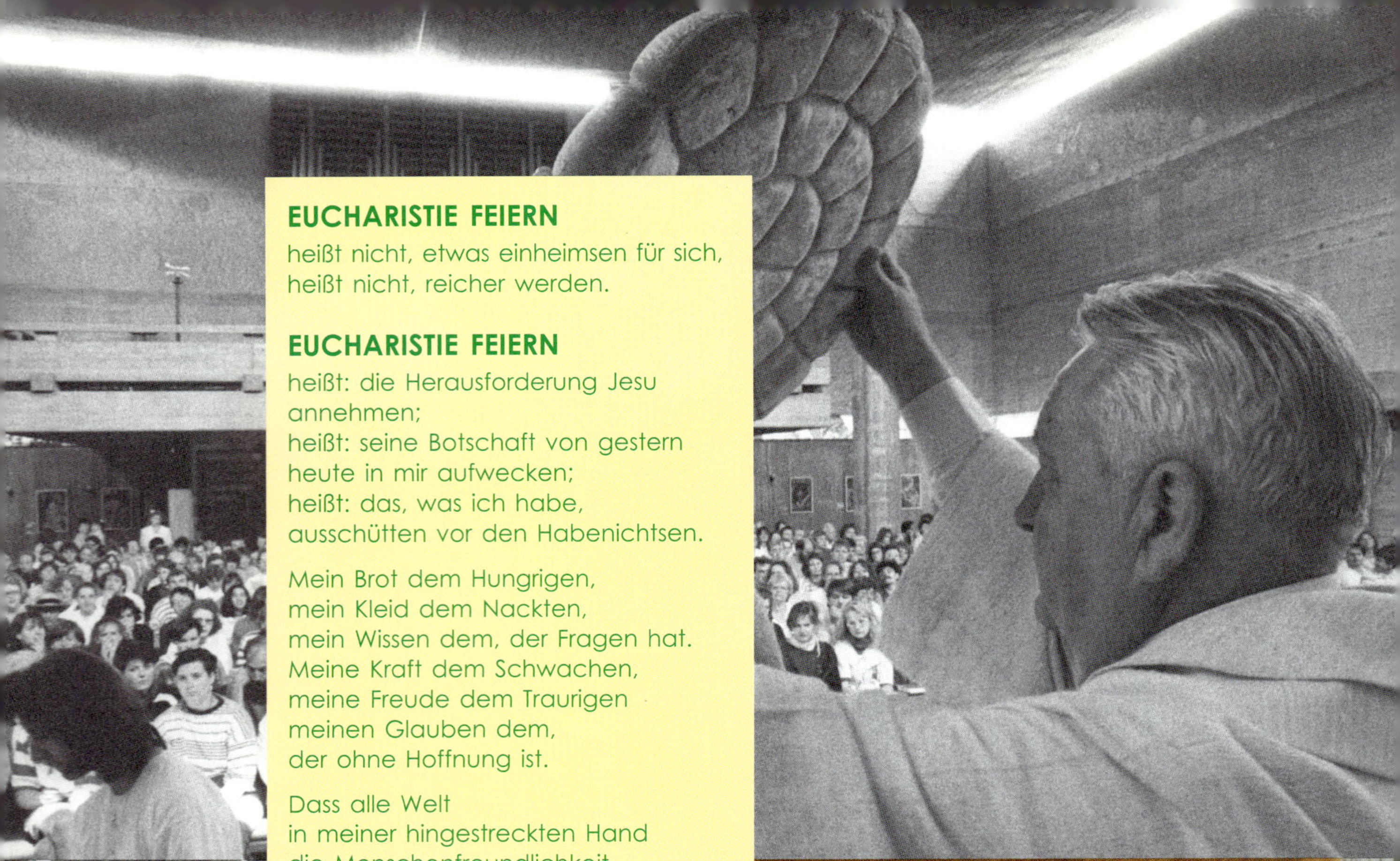

EUCHARISTIE FEIERN
heißt nicht, etwas einheimsen für sich,
heißt nicht, reicher werden.

EUCHARISTIE FEIERN
heißt: die Herausforderung Jesu
annehmen;
heißt: seine Botschaft von gestern
heute in mir aufwecken;
heißt: das, was ich habe,
ausschütten vor den Habenichtsen.

Mein Brot dem Hungrigen,
mein Kleid dem Nackten,
mein Wissen dem, der Fragen hat.
Meine Kraft dem Schwachen,
meine Freude dem Traurigen
meinen Glauben dem,
der ohne Hoffnung ist.

Dass alle Welt
in meiner hingestreckten Hand
die Menschenfreundlichkeit
unseres Gottes erfährt.

EUCHARISTIE FEIERN
heißt also: im Weggeben, im Ver-
schenken das eigene Leben, den
Reichtum der Welt erwarten.

Kurtmartin Magiera

Die Messfeier zeigt uns: Mein Glaube und mein Leben gehören zusammen

Eingeladen zur Messfeier: Jeder Mensch wird gerne eingeladen. Das schenkt Freude, Zuwendung und Gemeinschaft. Mit manchen Menschen haben wir Probleme, ob wir sie einladen. Jesus hat keine Unterschiede bei seinen Einladungen gemacht. Er wollte deutlich machen: An dem, was ich hier tue, könnt ihr sehen, wie Gott ist, und dass bei Gott jede und jeder willkommen ist. Manche Menschen waren davon so tief berührt, dass sie ihr Leben sogar regelrecht umkrempelten (WB S. 27-38).

Versöhnung: Durch die ganze Messfeier zieht sich das Element der Versöhnung, angefangen von dem Bußakt zu Beginn der Messe bis zum Friedensgruß, und vor allem im Mittelpunkt des versöhnenden Mahles. Alle sind eingeladen mit ihren Vorzügen und Schwächen. Gott nimmt uns an mit all unseren Gesichtern, wie es anschaulich im Werkbuch S. 40 dargestellt ist. Die persönlichen Schattenseiten müssen nicht ausgeblendet werden. Niemand muss sich aufplustern und etwas anderes vorgeben, als er ist – wie sonst bei vielen Einladungen. Wir Eingeladenen können Versöhnung finden miteinander und mit Gott. »Vergib uns unsere Schuld, wie auch wir vergeben …« beten wir im Vaterunser. (WB S. 39-54)

Hören auf das Wort Gottes: In der Hektik und Anstrengung des Alltags kommen wir Menschen oft gar nicht zu uns selber. »Du hörst mir ja gar nicht richtig zu«, ein häufiges Wort. »Wer Ohren hat zu hören, der höre!« – eine Aufforderung Jesu, mit den Ohren nicht nur akustisch aufzunehmen, sondern mit dem Herzen herauszuhören, was wirklich gemeint ist. Jesus hat uns viel zu sagen, was mit unserem Leben zu tun hat. Das ist bis heute nicht vergessen worden. Nicht umsonst ist die Bibel das meist verbreitete Buch. In der Messfeier haben wir Gelegenheit, auf sein Wort zu hören, wozu wir sonst während der Woche vielleicht gar nicht kommen. (WB S. 55-64)

Danken: Eucharistie heißt übersetzt *Danksagung*. Im Mittelpunkt der Messfeier steht das große Dankgebet: »Lasset uns danken dem Herrn unserem Gott.« Einander Dank sagen, das macht unsere Beziehungen um vieles glücklicher. Gott danken ist ein tiefer Ausdruck der Beziehung zwischen Gott und uns. Mitten im Dankgebet der Messfeier wird an Jesus erinnert, der uns Menschen Gottes Liebe transparent machte, und in ganz besonderer Weise an sein Geschenk des letzten Abendmahls. (WB Kapitel 8 und 9)

Teilen: Warum essen wir gerne miteinander? Es macht einfach Spaß, das leckere Essen, die Gespräche, das Lachen usw. miteinander zu teilen. Das vertieft unsere Beziehungen oder schafft sogar neue. Man möchte sich anschließend nicht aus den Augen verlieren. Die ersten Christen vor ca. 2000 Jahren nahmen ihre eucharistische Tischgemeinschaft in diesem Sinne ganz ernst: Sie verloren sich nicht aus den Augen. Für sie gehörten das Teilen des eucharistischen Brotes und Weines und das Teilen aller lebensnotwendigen Dinge eng zusammen. (WB S. 121-130)

Sendung: Was wäre unser Leben ohne Hoffnung. Sie lässt uns nicht passiv sein oder in Resignation verfallen, sondern setzt uns innerlich und äußerlich in Bewegung. Unser Leben und unsere Welt brauchen Hoffnungslichter. So heißt es zum Schluss der Eucharistiefeier: »Gehet hin und bringt Frieden!« Jesus hat seine Jünger damals in die Welt gesandt, zu versuchen, diesen Frieden zu realisieren und Hoffnung zu verbreiten. In jeder Messfeier fordert er auch uns auf, gemäß unseren Möglichkeiten mitzuhelfen. Wer sich mit allem abfindet, mit sich selbst, mit gesellschaftlichen und auch kirchlichen Fragwürdigkeiten, der hat sein Hoffnungslicht schon ausgeblasen. (WB S. 131-142)

Im Gespräch können sich Perspektiven zeigen:

- Empfinde ich die Messe als *Einladung* oder als überholte Frömmigkeitsübung ... Was kann es persönlich bedeuten, die besondere Beziehung zu Jesus zu feiern ... Warum ich abseits bleibe, was mir fremd ist ... Wie ist meine Beziehung zu Menschen in der Gemeinde ... Fühle ich mich eingeladen, willkommen ... Kenne ich alte, einsame, belastete, arme Menschen ... Nehme ich Kontaktsuchende wahr ...?

- Gehört *das Danken* zu unserem Repertoire: der Partnerin, dem Partner, den Kindern, anderen und Gott gegenüber ... Möglichkeiten und Zeit finden, um dem Danken Raum zu geben ... Dank in Worte und Zeichen bringen ... Dankgebete: vertraut oder fremd ...?

- Ist *Versöhnen* ein Anliegen oder schwierig ... Kreative Versöhnungsformen mit Kindern ... Geschwisterliche Kritik in der Familie, in der Gemeinde, die ermutigt und nicht klein macht ... Verhältnis unserer Gemeinde zu Drogenabhängigen, Obdachlosen ... eigene Positionen überdenken ... Offenheit Wandlungsprozessen gegenüber ... Was hat Versöhnen mit Gott zu tun ...?

- *Teilen,* eine bedrängende Frage unserer Zeit: in der Familie: Job ... Arbeit im Haushalt, Freizeit, Zeit mit den Kindern ... in der Gesellschaft: mit den Bedürftigen bei uns und in der weiten Welt ... in der Gemeinde: Übernahme von Aufgaben und Verantwortung ...

- Fühle ich *Hoffnung* mitzutun oder Resignation ... Worauf wird Hoffnung gesetzt, wie ist sie zu verwirklichen ... Was ist zu ändern, welches Ziel ist zu setzen: in der Familie, im Beruf, in der Gemeinde, im gesellschaftlichen und kirchlichen Umfeld ...?

Vom Frieden reden hilft nicht viel

In den täglichen Auseinandersetzungen ist »natürlich jeder für den Frieden, aber für den Frieden, wie er ihn versteht und braucht. Da ist nun mal Frieden nicht gleich Frieden ...« Frieden machen heißt, sich selbst zurücknehmen, Frieden mit sich selber schließen, Vorurteile abbauen, Andersartigkeit zulassen, verhandeln und argumentieren, Kompromisse schließen, miteinander teilen, solidarisch sein. Frieden kann aber nicht heißen, ständig zu harmonisieren und zurückzustecken, Frieden verlangt auch, mutig den eigenen Standpunkt zu vertreten, ohne aber den Andersdenkenden klein zu machen.

In den Gruppenstunden erfahren die Kinder Jesus als Friedensstifter, wenn er Tabus aufhebt und Gemeinschaft mit Sündern und Zöllnern sucht (WB S. 31), wenn er die Kinder ernst nimmt (WB S. 20), wenn er den Ausgestoßenen die menschliche Würde zurückgibt (WB S. 91), wenn er den Menschen *Brot des Lebens* schenkt (WB S. 125), wenn er für seine Freunde und Freundinnen mit seinem Leben einsteht (WB S. 104), wenn er mit der Fußwaschung ein Beispiel des Liebesdienstes gibt (WB S. 134), wenn er die Menschen auf ihrem Lebens- und Glaubensweg begleitet (WB S. 139). – Doch für uns alle gilt, für Kinder wie für Erwachsene: »Vom Frieden reden hilft nicht viel ... man muss ihn selber tun!«, wie Eva Rechlin im Werkbuch für Kinder (S. 115) sagt.

Frieden zwischen Eltern und Kindern?

Nehmen wir nun an, dass das unabhängige Leben der Kindheit in seinen Eigenschaften und in seiner Bedeutung nicht anerkannt wird und dass der Erwachsene Eigenschaften, die nicht mit seinen eigenen übereinstimmen, als Fehler ansieht, die er im Kind entdeckt und die er so schnell wie möglich verbessert. Hier beginnt der Kampf zwischen dem Schwachen und dem Starken, der für die Menschheit verhängnisvoll ist. Denn von dem vollkommenen und ruhigen geistigen Leben des Kindes hängen Gesundheit oder Krankheit der Seele ab, Stärke oder Schwäche des Charakters, Klarheit oder Getrübtheit der Intelligenz ...

Nicht selten muss ein Kind die grausame Anstrengung vollbringen, sich selbst zu verbergen, indem es in seinem Unterbewusstsein ein ganzes Leben begräbt, das sich entfalten möchte und dessen Bestrebungen fehlgeschlagen sind. Mit einer solchen verborgenen Bürde gliedert es sich in die Irrtümer der Welt ein ...

Daraus folgert, weil im Kind unsere Zukunft liegt: Wir müssen uns zum Kinde wenden als zu einem Messias, zu einem Retter und Erneuerer des Volks und der Gesellschaft ... Und dann müssen wir wie die Heiligen Drei Könige, geleitet vom Stern der Hoffnung, dem Kind voller Kraft und mit *(inneren)* Geschenken beladen entgegengehen.

Maria Montessori

Wer kennt nicht die täglichen häuslichen Kleinkriege:

Wenn jemand immer das letzte Wort haben will ...
Wenn jemand die anderen belügt ...
Wenn jemand nur immer seinen Vorteil sucht ...
Wenn jemand beim Spielen nicht verlieren kann ...
Wenn jemand andere beschimpft und beleidigt ...
Wenn sich jemand vor Hausarbeiten drückt ...
Wenn die Mutter immer die »Klamotten« der anderen wegräumen muss ...
Wenn der Vater lieber Zeitung liest als einzukaufen ...
Wenn sich jemand übervorteilt fühlt ...
Wenn zwei Parteien unterschiedliche Fernsehprogramme sehen wollen ...

Doch es geht im Hause friedlich zu:

Wenn man den anderen ausreden lässt und ihm wirklich zuhört.
Wenn man bereit ist, zu verzeihen und nicht nachzutragen.
Wenn man die Art und Weise der anderen akzeptiert.
Wenn man seine Schuld eingesteht und wieder gutmacht.
Wenn man zwischen Streitenden vermittelt.
Wenn man bei Auseinandersetzungen sachlich bleibt.
Wenn der Stärkere dem Schwächeren beisteht.
Wenn alle sich bemühen, ehrlich und gerecht zu sein.

Zum Nachdenken und Spielen

- Es lohnt sich, das eine oder andere Alltagsbeispiel im Familien- und Freundeskreis ganz locker zu besprechen. Da fällt es bestimmt nicht schwer, sich hier und da selbst wiederzufinden.
- Manchmal sind wir Sieger, manchmal Verlierer. Wie gehen Sie persönlich mit Ihren Siegen um? Und wie verhalten Sie sich als Verlierer? Wie fühlen Sie sich jeweils in Ihrer Haut? Können Sie mit anderen darüber sprechen und Ihre Erfahrungen austauschen?
- Kindern fällt es oft schwer, in Spielen Verlierer zu sein. Das lässt sich günstig durch Tischspiele einüben. Es wird erleichtert, wenn man jeden Spielpart doppelt besetzt, z.B. würfeln die Partner abwechselnd für die gemeinsame Position. Und die Partnerschaften sollten ständig wechseln.

Gut mit sich selbst umgehen

Der zweite Teil des Hauptgebotes Jesu heißt *Deinen Nächsten sollst du lieben, wie dich selbst.* Früher hat man das letzte Wort *wie dich selbst* oft überhört. Man hat aus der Nächstenliebe ein Gebot gemacht, das überfordert, das eine Person von sich selbst entfremdet. Man darf nur an den anderen und sein Wohl denken, aber nicht an sich selbst. Man muss möglichst viele Taten der Nächstenliebe vorweisen, um vor Gott bestehen zu können.

Heute sind wir eher in Gefahr, den ersten Teil des Hauptgebotes wegzulassen und zu glauben, die Liebe zu sich selbst sei das Wichtigste. Ohne sie könne man den Nächsten nicht lieben. Auch wenn es noch so sehr stimmt, dass ohne Selbstliebe keine Nächstenliebe möglich ist, so kann ein zu großes Betonen der Selbstliebe zu einem narzisstischen Kreisen um sich selbst entarten. Zu einem gesunden Leben gehört die Spannung zwischen diesen beiden Polen.

Anselm Grün

WIE FINDE ICH FRIEDEN MIT MIR SELBST?

- Indem ich mich so akzeptiere, wie ich bin, und auf meine innere Stimme höre;
- indem ich Stress abbaue und loslasse;
- indem ich zwischen Spannung und Entspannung einen gesunden Ausgleich schaffe;
- indem ich Freud und Leid mit mir lieben Menschen teile;
- indem ich hin und wieder Stille suche und mein Leben ordne;
- indem ich ...

Eine Entspannungsübung: Pressen Sie mehrmals einen faustdicken harten Gegenstand in der Hand, dann lassen Sie ihn jeweils wieder los. Spüren Sie bei jeder Übung nach, was Sie fühlen, wenn Sie pressen und wenn Sie loslassen. – Dann legen Sie den harten Gegenstand weg und schließen die Augen. In Gedanken nehmen Sie mehrmals ein konkretes Problem in die Hand, pressen es eine Weile und lassen es dann los. – Vielleicht trägt diese Übung ein wenig dazu bei, sich zu entspannen und loszulassen.

MEIN FARBENKASTEN

Mein Farbenkasten war gefüllt,
glänzend, leuchtend, mild;
mein Farbenkasten war gefüllt –
mit vielen Farben, sanft und wild.

Ich hatte kein Rot für das Blut von Verletzten,
kein Schwarz
für das Leid von Verwaisten, Gehetzten,
kein Weiß für Gesichter von Toten, Entsetzten,
kein Gelb für den Sand,
den die Kugeln zerfetzten.

Ich hatte Orange für Freudengetümmel,
ich hatte nur Grün für den blühenden Baum,
ich hatte mein Blau für unendliche Himmel,
ich hatte nur Rosa für Ruhe und Traum.

Ich saß und malte Frieden.

Mädchen aus Israel, 13 J.

Zum Titelbild 10 im Werkbuch

Zwei Kinder malen mit Begeisterung einen Regenbogen an den Himmel. Auf seinen Bahnen schweben Früchte und fliegen Tauben.
Seit altersher ist der Regenbogen ein Symbol der Versöhnung und des Friedens. Denn Sonne und Regen vertragen sich eigentlich nicht, doch an den Grenzen ihrer Wirkungsfelder begegnen sie sich friedlich im Regenbogen. – Unsere Vorfahren sahen in ihm ein *Zeichen des Bundes zwischen Gott und Menschen*, da er Himmel und Erde berührt und verbindet.

Wie kann das Symbol des Regenbogens vertieft werden?

- Der Regenbogen auf dem Titelbild lässt offen, worüber sich der Bogen spannt. In Gedanken kann man sich vieles ausmalen: über eine zerstörte Kriegslandschaft, über Streitende, über Verunglückte, über unterschiedliche Rassen, über gequälte Tiere ... Das lässt sich in einem kleinen Gesellschaftsspiel aufgreifen: Alle Teilnehmer malen ihre Vorstellung auf ein kleines Bild, das sie nacheinander dem Regenbogen auf dem Titelbild (WB S. 109) unterlegen. Die anderen entziffern es jeweils und sprechen darüber. – Anstatt selber zu malen, kann man auch Zeitungsbilder benutzen.
- Bei Sonnenschein lässt sich ein eigener Regenbogen mit einem Wasserstrahl aus dem Gartenschlauch erzeugen, ein Moment, wo Sonne und Regen friedlich zusammenwirken.

»Ein Schiff, das sich Gemeinde nennt ...«

So fängt ein Kirchenlied an. Gemeinde als Schiff? Das Schiff ist ein frühes Symbol der Kirche Christi. Wahrscheinlich ist die biblische Geschichte vom »Sturm auf dem Meer« das Grundmotiv. Die Jünger sitzen alle in einem Boot, Jesus ist der Steuermann bzw. der Fährmann, der sicher ans andere Ufer führt, der auch in den Brandungen des Lebenssturms Hoffnung auf Sicherheit gibt. Außerdem waren die ersten Jünger Fischer, die mit Booten vertraut waren. Das Schiff war vielfältiger Ort der Begegnung zwischen Jesus und seinen Jüngern.

Heute noch spricht man bei Kirchenbauten von Mittel- und Seitenschiffen. Schiff – ein kaum noch verstandenes Bild für die Gottesdienst feiernde Gemeinde, die zusammen in einem Schiff sitzt. Für heutige Großstadtkirchen ist das auch schwierig, wo der eine den anderen kaum kennt. Die Urgemeinden hingegen waren klein und überschaubar. Alle kannten einander. Man schloss sich zusammen, weil man wusste, in Gemeinschaft unter Gesinnungsgleichen lässt sich christliches Alltagsleben leichter realisieren. – Und so hatten diese Gemeinden auch Kraft genug, das Christentum über Jerusalem hinaus auszubreiten.

Das Kinderbuch greift in großen Bildern zweimal das Schiffthema auf. Im 13. Titelbild (WB S. 143) z.B. sitzen alle Figuren, die vorher schon in den Bildern des Buches vorkamen, eng zusammen in einem Boot, Einheimische und Ausländer, die man an ihrer Kleidung erkennt.

In der engen Bootsgemeinschaft sind alle aufeinander angewiesen, um den Tücken des Meeres

standzuhalten. Wenn sie sich zueinander wie Geschwister verhalten, wird die Überfahrt, selbst bei stürmischer See, gelingen. Dann wird auch ihre Gemeinschaft Früchte tragen, wie der Baum im Hintergrund andeutet.

Für viele Christen ist *Gemeinde* der Ort, an dem sie Kirche konkret erfahren können. In jeder Gemeinde, im Gottesdienst, in der Verkündigung, im gemeindlichen Leben, verwirklicht sich die ganze Kirche. Wird dieses Verständnis ernst genommen, dann zeigt sich die ungeheure Bedeutung, die dahintersteckt. Durch das gemeinschaftliche Tun, durch das eigene Engagement in der Gemeinde können alle dazu beitragen, Kirche mitzugestalten und ihr ein für alle sichtbares Profil zu geben.

Und unser Gemeindeschiff?

Schreiben Sie mit schwarzem Stift Stichwörter in das Boot, wie Sie Ihre Gemeinde erleben. Nun schreiben Sie mit einem grünen hinein, wie Sie sich Ihre Gemeinde *wünschen*. – Das ist sicher auch ein interessantes Thema in der Familie und in einem Elternkreis.

Gemeindedetektive

Ein Gang durch die Gemeinde, so heißt ein Würfelspiel auf S. 150 im Werkbuch für die Kinder. Es gibt viele Anregungen, sich in der eigenen Gemeinde zu orientieren, besonders wenn sie nicht so vertraut ist. Den Kindern macht es bestimmt Spaß, wenn sie mit ihren Eltern zusammen erkunden, was und wer genau alles zur Gemeinde gehört:

- Wer sind die Hauptamtlichen der Gemeinde?
- Wer ist im Pfarrgemeinderat?
- Was macht der Pfarrgemeinderat zur Zeit?
- Wer kümmert sich um die Kinder und Jugendlichen?
- Wer kümmert sich um die Kranken und Senioren?
- Gibt es Einrichtungen wie Kindergarten, Krankenhaus, Friedhof ...?
- Hat die Gemeinde Besitztümer?
- Wer ist im Kirchenvorstand? Welche Aufgaben hat er?
- Gibt es kirchliche Vereine?
- Gibt es einen Pfarrgemeindebrief? Wer macht ihn?
- Wer gestaltet die Sonntagsgottesdienste?
- Wie alt ist Ihre Pfarrkiche? Welche Geschichte hat sie?
- Welche Feste feiert Ihre Gemeinde? Wer gestaltet sie?
- Gibt es Ausländer in Ihrer Gemeinde? Wer kümmert sich um sie?
- Gibt es Gemeindekontakte zur Dritten Welt?
- Gäbe es auch für Sie oder Ihr Kind eine Aufgabe oder ein Betätigungsfeld in Ihrer Gemeinde?

»So habe ich mir Gemeinde nicht vorgestellt!« –

eine Gemeindeinitiative

Dreimal im Jahr finden unsere Familiensonntage statt. Eltern mit Kindern ab dem ersten Schuljahr werden brieflich eingeladen. Etwa 40 bis 50 Erwachsene und 50 bis 60 Kinder nehmen teil. Wir beginnen mit einem Gottesdienst, der jeweils von einigen Müttern und Vätern vorbereitet wird. Anschließend findet ein Essen statt unter dem Motto: »Wir essen gemeinsam, damit andere überleben.« Dieses Essen wird von ehrenamtlichen Helfer/innen vorbereitet.

Danach werden den Kindern drei Gruppen angeboten: Spielrunde – Kreative Runde – Singrunde. Sie werden von Jugendlichen geleitet. Die Eltern treffen sich zum Gespräch: in großer Runde und in Kleingruppen. Die Themen der letzten Familiensonntage: »Beten – ist das heute noch zeitgemäß?«, »Kinder fragen nach Gott und Tod und Sterben«, »Kinder fragen – fragen – fragen!« Gegen 16.00 Uhr gibt es Kaffee mit Kuchen, den die Eltern mitgebracht haben. Wir schließen dann mit einer gemeinsamen Spiel- oder Singrunde. Wenn es aber in der Stadt eine Attraktion gibt, gehen wir gemeinsam hin. Die Resonanz der Eltern ist positiv, bis hin zu der Bemerkung: »So habe ich mir Gemeinde nicht vorgestellt.« Das Ganze steht und fällt aber mit einem kleinen Kreis engagierter Mitarbeiterinnen und Mitarbeiter.

Ein Leib – viele Glieder

Der Apostel Paulus vergleicht in seinem Brief an die Gemeinde in Korinth den menschlichen Körper mit dem Leib Christi: »Ihr alle bildet zusammen den Leib Christi. Jeder Einzelne von euch ist ein Teil davon. Jedem hat Gott seinen bestimmten Platz zugewiesen!« (WB S. 145) Wir alle sind Kirche: der Papst, die Bischöfe, die Priester, die Ordensleute, alle getauften Frauen, Männer und Kinder.

Was wir miteinander tun können

Kennen wir unseren eigenen Leib wirklich? Körperwahrnehmungsspiele machen nicht nur nachdenklich, sie sind auch amüsant:

- Was machen wir ohne Füße, wenn wir uns z.B. nur auf den Knien fortbewegen? Andererseits beobachten wir einmal ganz genau, was unsere Füße machen, wenn wir auf dem Boden liegen und in Zeitlupentempo aufstehen. Und was machen die Beine dabei?
- Was machen wir ohne Hände, wenn wir diese z.B. für eine Weile auf dem Rücken festbinden lassen und alltägliche Dinge zu verrichten suchen? Andererseits beobachten wir mal genau den ganzen Arm, wenn wir einzelne Finger oder beide Hände in Zeitlupentempo verschieden bewegen.
- Was machen wir ohne Ohren, wenn wir z.B. diese zuhalten und uns zu verständigen suchen? Andererseits stellen wir uns einen Augenblick ans offene Fenster und achten darauf, wie viele Geräusche wir hören.
- Was machen wir ohne Augen, wenn wir sie z.B. eine Weile zubinden und uns vorsichtig durch den Raum tasten und irgendetwas suchen? Andererseits achten wir einmal bewusst darauf, wie die Augen andere Sinne mit unterstützten z.B. beim Anziehen, Gehen oder Essen.
- Was machen wir ohne Mund, wenn wir z.B. diesen für 10-15 Minuten mit Pflaster zukleben und uns versuchen zu verständigen? Andererseits achten wir einmal genau darauf, wie sich unser Mund verformt, wenn wir flüstern, normal sprechen, schreien oder singen.
- Was machen wir ohne Nase, wenn wir z.B. verschiedene Düfte unterscheiden sollen? Andererseits versuchen wir in einem abgedunkelten Raum unterschiedliche Düfte schnuppernd zu erkennen.

Bei dem Spiel stellt man auch fest: Wenn ein Sinnesorgan ausfällt, dann strengen sich andere doppelt an. Mit dem Bild des Paulusbriefes ist allerdings der übertragene Sinn gemeint: Alle Glieder in einem *Gemeindeleib* müssen zusammenwirken, jedes nach seiner Fähigkeit. Ansonsten ist der Leib ein Torso oder er ist krank. Wer bringt z.B. in Ihrer Gemeinde welche Fähigkeiten ein? Liegen auch Fähigkeiten brach, die sich nicht entfalten können? Und welche Möglichkeiten hätten Sie selbst?

Gefragt ist Solidarität

Aus der »Hildesheimer Erklärung« des Zentralkomitees der deutschen Katholiken: »In Jesus Christus hat sich Gott zuerst den Armen zugewandt. Ihnen sind wir deshalb in seiner Nachfolge besonders verpflichtet ... Deshalb dürfen sich die christlichen Gemeinden nicht nur mit sich selbst beschäftigen. Das Zeugnis der Nachfolge muss in vielfältigen Formen ungeteilter Solidarität – nicht nur untereinander, sondern mit allen Menschen – anschaulich (d.h. konkret) werden.«

Eine Gemeindereferentin und eine Lehrerin haben mit Unterstützung vieler Freunde und einer Schulklasse in Lima mehrere Suppenküchen eingerichtet, weil dort mehrere Familien zusammen so billiger einkaufen und kochen können. 1995 gaben sie dann auch Anstoß zu einer ökumenischen Gemeindeinitiative in Offenbach. Unter der Losung »Essen und Wärme« geben sie täglich 50-60 Eintopfgerichte an sozial schwache Mitmenschen aus.

In ihrem Rundbrief heißt es: »Wir lernen die Vielfältigkeit von Armut ansatzweise kennen. Die Gespräche mit den Gästen, das Erfahren ihrer Lebensgeschichte und das Abrutschen durchs soziale Netz können in uns die Frage nach den Strukturen von Armut in der Arbeitswelt und Politik wecken ... Bei einem Rundgang mit den Erstkommunionkindern durch die Räume von »Essen und Wärme« in unserer Gemeinde staunen wir darüber, wie empfänglich die Kinder in diesem Alter für die Armut und das Leid anderer Menschen doch sind. Wenn wir Erwachsenen uns diese Ernstnahme der Armen bewahren würden, hätten wir eine wärmere und menschlichere Gesellschaft. Die Kinder stellen Fragen wie »Wo schlafen die Armen, wenn sie kein Haus haben? Warum haben sie keine Familie? Warum sind sie arm? usw. ...«

HOFFNUNGEN AUF JUNGE CHRISTENMENSCHEN

Als alter hergelaufener Christ, der ich nun mal mit Freude und Dankbarkeit bin,
Und auch zugleich viele letzte Hoffnungen auf die jungen Christenmenschen setze,
Dass sie Kirchen und Konfessionen öffnen,
Die Kirchen zum Treffpunkt aller Kreaturen unter Gottes Himmel machen,
Dass sie sich wehren und sich einmischen,
Dass wir die Revolution der Liebe verkünden,
Sie heiß in die Köpfe reden, an die Türen nageln und in die Herzen versenken,
Damit die Zukunft leuchtet.
Ach, möge nur ein Quentchen davon in Gottes Namen entstehen,
Hilfe, Mut und Trost kommt uns entgegen, führt kritische Christen zusammen
Um aufzustehen gegen die Zerstörung der Erde und den Ausverkauf aller Werte,
Um aufzustehen für ein MENSCHENLEBEN.

Hans Dieter Hüsch, Kabarettist

Von Kirche träumen ...

Ich träume von einer Kirche,
die offen ist für Jugendliche,
die ihnen zuhört,
die eine Sprache spricht,
die sie verstehen,
die ihnen Mut macht
für das Abenteuer Leben,
die sich bereichern lässt
von den Ideen der Jugend.

Ich träume von einer Kirche,
die verständnisvoll ist,
die an das Gute im Menschen glaubt,
die den Gescheiterten
Hoffnung und Zukunft schenkt,
die Fremde aufnimmt,
die sich Asylsuchender annimmt,
die solidarisch ist mit denen,
die zu kurz kommen im Leben.

Ich träume von einer Kirche,
die sich hinterfragen lässt
und selber kritisch Fragen stellt,
die aufzeigt, wie Menschen miteinander leben können,
die ungerechte Strukturen aufbricht
und aus dem Evangelium heraus handelt,
die sich vom Wirken des Heiligen Geistes
herausreißen lässt
aus der Enge und Selbstzufriedenheit.

Ich träume von einer Kirche,
die sich einsetzt für Frieden
und Gerechtigkeit,
die für Randgruppen einsteht,
die Verzweifelten weiterhilft,
die die Menschen ernst nimmt
mit ihren Sehnsüchten und Wünschen,
die mit Gott rechnet mitten im Alltag
und stets unterwegs ist mit ihm.

Claudia Hofrichter

Wie erleben Sie Kirche? Wovon träumen Sie?

Das Fest der Erstkommunion

Überall auf der Welt, zu allen Zeiten und in allen Kulturen wurden schon immer besondere Tage im Jahreskreis wie auch bestimmte Ereignisse und Stationen des menschlichen Lebens gefeiert. Das kennen wir alle, wenn z.B. ein runder Geburtstag gefeiert wird. Liebe Gäste kommen, um diesen Tag zu feiern. In Erzählungen, Liedern, in Bildern oder Fotos, Gedichten und Spielen werden an die vielen Momente des bisherigen Lebens erinnert. So werden die Erlebnisse und Ereignisse der Vergangenheit wieder ganz lebendig und wecken gleichzeitig die Phantasie, sich Zukünftiges vorzustellen und Vertrauen zu gewinnen.

Die christlichen Feste erzählen besonders davon, wie wir Menschen in die Geschichte Gottes mit den Menschen eingebunden sind. Sie wollen uns Menschen zeigen, dass wir allen Grund haben, das zu feiern; und dass Gott, der in allen Wechselfällen des Lebens unser tragender Grund bleibt, uns beflügeln kann, immer wieder ein Fest zu feiern, auch ein Fest der Hoffnung gegen alle Enttäuschung, alles Leid und gegen die vielfältige Angst.

In der Tradition der christlichen Feste hat das Fest der Erstkommunion seinen eigenen Platz. Das Kind wird feierlich in die eucharistiefeiernde Gemeinde eingeführt. Das Fest wird in der Verbundenheit der Kinder mit den Gläubigen der Gemeinde als eine feierliche *Mahlgemeinschaft* gefeiert. Schon Monate vor diesem Fest haben sich in der Regel die Kinder mit einer Mutter oder einem Vater in Gruppen zusammengefunden, um sich darauf vorzubereiten. Je mehr die Familie eines jeden Kindes: der Vater oder/und die Mutter und die Geschwister in Gesprächen, Aktivitäten, Liedern, Spielen, Gebeten usw. Anteil genommen oder mitgemacht haben, desto intensiver wird dieses Fest gefeiert werden können.

Auf dem Weg zu einem kindgemäßen Fest

Bei den ersten Überlegungen zum Fest sollten wir uns bewusst werden: Bei diesem Fest steht *ein Kind* im Mittelpunkt, und dieses unser Kind will auf eine kindgemäße Art gefeiert werden.

Zum Fest gehört die festliche Kleidung

Das Fest der Erstkommunion gibt Anlass, auch durch festliche Kleidung der Freude Ausdruck zu geben. Das *Kommunionkleid* erinnert an das Taufkleid (s. S. 35) und macht den Zusammenhang zwischen Taufe und Erstkommunion deutlich. Wie das Taufkleid ist auch das Kommunionkleid bei vielen Mädchen weiß. Die Farbe Weiß verdankt ihre positive Wirkung dem Blick ins Helle, ins Licht. Sie ist u.a. auch die Farbe des Anfangs, der Einführung. So weist das Hochzeitskleid auf den Beginn der ehelichen Gemeinschaft, das Taufkleid auf den Beginn des Bundes mit Christus und das Kommunionkleid auf den Beginn der eucharistischen Tischgemeinschaft in der Gemeinde hin.

Die Farbe *Weiß* sollte dem Kind zunächst einmal erfahrbar werden, damit es einen Bezug dazu gewinnt. Wie wäre es, mit dem Kind auf die Suche zu gehen, was alles weiß ist und uns Freude macht: Kieselsteine, Perlen, Schnee, die Frühlingsblumen wie Schneeglöckchen, Gänseblümchen, Narzissen usw. Einige Dinge schön anordnen lässt etwas von ihrer Schönheit erfahren und auf uns ausstrahlen. Dann kann auch von der Bedeutung des weißen Kleides erzählt werden. Bei aller Freude dieses Festes sollte miteinander überlegt werden, ob ein modisch aufwendiges Kleid dem Anlass gemäß ist. Auch ist zu bedenken, *Kommunion* kommt von *communio* und heißt Gemeinschaft. So sollte doch in dieser Jesus-Gemeinschaft sich kein Kind zurückgesetzt fühlen, weil sein Kleid einfacher ausgefallen ist. Und nicht zuletzt sollte beachtet werden, dass sich das Kind in dem Kleid wohlfühlen möchte. Die Jungen standen immer etwas im Schatten der weißen Kleider, wenn nicht Mädchen und Jungen bei der kirchlichen Feier das gleiche weiße liturgische Gewand trugen, wie es in einigen Gemeinden Brauch wurde. Aber auch die blauen Anzüge der Jungen stehen in einer Sinn-Tradition. Die *Farbe Blau* ist seit alters her eine *himmlische Farbe*, ein Symbol der Verbundenheit und Treue. Auch für die Jungen sollte es kein steifer Anzug, sondern ein richtiger *Kinderdress* sein.

Das weiße Kränzchen: Der Kranz ist in der Bibel ein Sinnbild der Huldigung und Freude und in seiner Kreisform ein Symbol für ein Leben mit Jesus, das immer währen soll. Wunderschön ist da ein lebendiger Kranz mit frischen weißen Frühlingsblumen.

Die Kommunionkerze

siehe Seite 35

Gäste gehören zum Fest

Die Anzahl der Gäste darf das Kind nicht überfordern. Vor allem die Großeltern, Paten und Freunde und Freundinnen des Kindes gehören dazu. Das Kind sollte die Einladungskarten mit überlegen, gestalten und schreiben oder die Gäste bei einem Besuch persönlich einladen.

Das Festessen wird geplant

Da gibt es in der Regel zwei Möglichkeiten: den totalen Stress der Hausfrau oder das Festessen im Restaurant. Wenn man aber einmal bedenkt, dass schon so viel Freude bei einer gemeinsamen Vorbereitung eines Festes durch Erwachsene und Kinder entsteht, die Atmosphäre in den eigenen Räumen viel persönlicher gestaltet werden kann und das Fest-Kind sich zu Hause in der Regel viel wohler als in einem Restaurant fühlt, sollte man auch andere Möglichkeiten in Betracht ziehen. Dabei ist es ganz wichtig zu überlegen, wie die Aufgaben verteilt werden: Wer möchte etwas einbringen mit seinen Fähigkeiten?

Wie wäre es mit folgendem Vorschlag:

Mutter und Vater bereiten mit Freunden verschiedene Salate am Tag vorher – der Metzger liefert eine Delikatess-Fleischplatte mit Reis – die Kinder kreieren Obstsalat à la Schneewittchen, die Paten übernehmen das Aufbauen des Büffets, das einige Kinder dekorieren; schon wochenlang vorher haben sie dafür gebastelt. Die Tanten backen die Kuchen für den Nachmittag, oder – vom Patenonkel angerührt – gibt es zur besonderen Freude der Kinder, unter der Obhut der Mutter frische Waffeln von zwei bis drei Waffeleisen, damit keine Warteschlangen entstehen – dazu heiße Kirschen und Sahne, bei gutem Wetter draußen.

So oder so ähnlich könnte es laufen ...

Raum- und Tischschmuck

Bunte *Frühlingsblumen* lassen sich mit dem ersten frischen Grün zu wunderschönen Sträußen oder Gestecken als Tischschmuck herrichten, Kinder helfen mit. In der Mitte des Tisches darf dann beim Fest die Kommunionkerze entzündet werden.

Tischkarten: Weißen Karton in Postkartengröße falten; die Vorderseite mit dem Namen des Gastes liebevoll gestalten und auf die Rückseite ein kurzes Tischgebet schreiben, sodass alle mitbeten können, z.B.:

Jesus, wir sitzen hier
um den festlich gedeckten Tisch.
Wir danken für das Fest,
wir danken für das schöne Essen.
Wir danken allen, die es vorbereitet haben.
Du bist mitten unter uns.
Schenk uns deinen Frieden.

Was am Nachmittag geschehen kann

Alles kann es sein, was davon befreit, langweilig und steif herumzusitzen, sodass die Kinder sich bald überflüssig vorkommen. Also vorher mit allen planen, z.B.: Spiele, einen kurzen interessanten *Ausflug*. Wer kann eine Geschichte erzählen? Die Großeltern bitten, davon zu erzählen, wie bei ihnen damals gefeiert wurde – das hören besonders Kinder gern. Vielleicht können Kinder musizieren, alleine oder mit Erwachsenen zusammen usw.

Geschenke für das Kind

Es sollte der Sinn des Festes im Blickpunkt bleiben. Die Teilnahme des Kindes an der Tischgemeinschaft Jesu sollte mit überteuerten Konsumgeschenken nicht zugeschüttet werden. Auch Geldgeschenke müssten überdacht werden, damit nicht so abartige Eindrücke entstehen, wie es ein Kind formulierte: »Ich hab 300 Euro bei meiner Kommunion verdient.« Die Geschenke sind Ausdruck der Zuneigung zum Kind, sollten es also nicht überfordern. Es macht sicherlich mehr Freude, erfinderisch zu sein, etwas Sinnvolles auszuwählen und nicht nach dem Gesichtspunkt, ob es auch teuer genug ist.

Schöne Bücher zum Schenken

Rainer Oberthür, Die Bibel für Kinder und alle im Haus. Mit zahlreichen farbigen Abbildungen, Kösel, 2005
Ein wertvoll ausgestattetes Buch, mit dem Kinder und ihre Familien die Bibel neu entdecken können.

Kinderbibel mit Bildern von Sieger Köder, Verlag Kath. Bibelwerk, 1995
Die biblischen Geschichten sind so erzählt, dass Kinder sie gerne lesen und die Bilder von S. Köder sind sehr ausdrucksstark.

Regine Schindler, Mit Gott unterwegs. Die Bibel für Kinder und Erwachsene neu erzählt, mit Bildern von Stepan Zavrel, bohem press, ^{7}2003
Eine große Bibel für Kinder und Erwachsene mit den zentralen Themen aus AT und NT, einprägsam erzählt.

Renate Güntzel-Horatz, Vergiss die weißen Träume. Erzählung zur Erstkommunion, Patmos Verlag, 2005
Eine hinreißende Erzählung über ein Mädchen mit einem großen Herzen, das die weißen Kleider-Träume vergessen muss, aber einen ganz anderen Traum Wirklichkeit werden lässt.

Erich Joos, Als Himmel und Erde noch eins waren, Herder-Verlag, 2005
Spannende Entdeckungsreisen durch die Schöpfungsgeschichten aus unterschiedlichen Epochen, Religionen und Kulturkreisen.

Hermine König (Hrsg.), Geschichtenbuch Erstkommunion, Kösel-Verlag, 2002
Das Buch – auf einer *Empfehlungsliste* des Kath. Kinderbuchpreises – bietet eine Sammlung spannender Geschichten zu Themen der Erstkommunion.

Hermine König, Das große Jahresbuch für Kinder, Kösel-Verlag, ^{4}2004
Ein wunderschönes Geschenkbuch: eine Schatztruhe voll interessanter Dinge und spannender Geschichten, die sich im Laufe des Jahres ereignen, liebevoll illustriert, mit vielen Anregungen.

Hermine und Karl Heinz König, Wenn einer mit mir geht – Mein Erinnerungsbuch zur Erstkommunion, durchgehend farbig illustriert, Kösel-Verlag, ^{2}2003
Spannende Erzählungen aus der biblischen Welt über Jesus und seine Zeit mit zahlreichen Ideen, das Buch selbst auszugestalten. Ein überzeugendes Geschenk zur Erinnerung an das Fest, inhaltlich stimmig und kindgemäß gestaltet.

Lene Mayer-Skumanz, Ein Löffel Honig, Verlagsanstalt Tyrolia, ^{4}2001
Hervorragendes Buch der bekannten Kinderbuchautorin! Eine sprachlich sensible Erzählung über eine Kindergruppe während der Vorbereitungszeit auf die Erstkommunion. Das ganz pralle Leben dieser und aller, die dazu gehören, kommt ins Spiel.

Kindergebetbücher für Kinder ab 8 Jahren

Hermine König, Was ich dir sagen will – Kinder beten, Kösel-Verlag, ^{2}1998
Auf einer Empfehlungsliste des Kath. Kinderbuchpreises. Gebete in kindgemäßer Sprache formuliert, in verschiedene Themenbereiche aufgeteilt, wollen die Kinder von ihrer Erfahrungswelt für Gott aufschließen und den Alltag des Kindes begleiten.

Karl Heinz König / Karl Joseph Klöckner, beten – singen – feiern. Ein Gebet- und Messbuch für Kinder, Neuausgabe, durchgehend farbig mit vielen Fotos und Kunstbildern, Kösel-Verlag, 2003
Ein sehr geschmackvoll gestaltetes und handliches Gebet- und Messbuch für die Zeit vor, während und nach der Erstkommunion. Prämiert als beste religiöse Neuerscheinung im Monat Dezember 2003.

Jörg und Heidi Zink, Gebete für Kinder, Kath. Bibelwerk, 2004.
Gebete zu den verschiedensten Gelegenheiten des Kinderalltags zum Nachbeten und Weiterdenken.

Nicht nur wir Erwachsene, auch Kinder haben schon mehrfach Erfahrungen mit Dunkelheit gemacht, mit nächtlichen Träumen und Ängsten, aber auch mit dunklen Stunden innerer Verlassenheit und Not. Andererseits haben sie aber auch erfahren, wie Licht die Dunkelheit durchbrechen kann, angefangen beim Licht der Kerze und Lampe bis hin zum Licht, das Geborgenheit bei Mutter, Vater oder anderen Menschen spendet.

Kinder mögen besonders gern das Lichteranzünden im Verlauf des Jahreskreises, z.B. im Advent, an Weihnachten, Ostern und bei Familienfesten. Deshalb haben sie auch emotional einen leichten Zugang zum Symbol der Kerze in der Liturgie, wenn Licht in Verbindung mit Jesus gebracht wird, der von sich sagt: *Ich bin das Licht der Welt*, aber auch anschließt: *Ihr seid das Licht der Welt*. Auch das verstehen die Kinder, dass man anderen Menschen Licht sein kann. So etwas sollte nicht nur mit Worten angesprochen, sondern mit konkreten Lichterlebnissen, mit Geschichten und Bildern vermittelt werden. Deshalb könnte die Familie der Kommunionkerze als Erinnerung an die Taufkerze besondere Beachtung schenken und mit dem Kind nachdenken, wie es selber ein wenig Licht für seine Umwelt sein kann.

Lichterlebnisse der Kindheit

Ich kann mich noch gut an einen Familienausflug nach Straßburg erinnern. Das große Münster machte auf mich einen nachhaltigen Eindruck. Wir nahmen an einer Führung teil, und ich war erstaunt, als ich hörte, dass seit dem frühen Mittelalter alle Kirchenaltäre nach Osten ausgerichtet sind, weil die frühen Christen die im Osten aufgehende Sonne mit Christus verglichen. Und im Westen, wo abends die Sonne untergeht, glänzte die Fensterrose, strahlend wie der einst kommende Christus. Am meisten faszinierten mich diese bunten Fenster, durch die an diesem Tag die volle Sonne schien und den Kirchenraum in ein buntes Lichtermeer verzauberte. Dies lasse den göttlichen Lichtglanz erahnen, sagte unsere Führerin.

Mit unserer Pfadfindergruppe unternahmen wir damals eine Silvester-Nachtwanderung. Um Mitternacht hörten wir von weitem Böllerschüsse; wir rasteten an einem Waldrand, machten ein kleines Lagerfeuer, kochten Tee und erzählten uns, was alles im alten Jahr hinter uns lag. Dann brachen wir auf und durchquerten den Wald. Schon nach einer halben Stunde hatten wir völlig die Orientierung verloren. Geradeaus, nach links oder nach rechts, keiner wusste wohin. So gingen wir einfach drauflos. Zum Glück erreichten wir nach einiger Zeit eine Waldlichtung. Über uns ein herrlich klarer Sternenhimmel. Nun schöpften wir wieder Hoffnung, denn mit Hilfe der Sternbilder würden wir wieder unsere Richtung finden. Und so war es auch. Die Sterne zeigten uns den Weg nach Hause.

In meiner Kindheit versammelte sich unsere Gemeinde in der Osternacht auf dem Kirchplatz. Dort wurde das Osterfeuer angezündet und der Priester zog mit einer brennenden Kerze in die dunkle Kirche ein und sang: »Lumen Christi«, was so viel heißt wie »seht das Licht Christi«. Als Kind war ich immer wieder erstaunt, wie viel Licht nur eine einzige Kerze ausstrahlt in so einem großen Raum wie dem unserer Kirche. In der folgenden Messe zündeten dann alle eine kleine Kerze an dem Osterlicht an, und es breitete sich ein warmes Licht aus, nicht zu vergleichen mit Neonröhren und Glühbirnen. – Nach dem Ostergottesdienst bliesen wir natürlich die Kerzen aus, aber vor der eigenen Haustür zündeten wir sie wieder an und gingen durch das dunkle Haus und stellten sie auf den gedeckten Osterfrühstückstisch.

Was können wir gemeinsam tun?

- Das Lesen der *Lichterinnerungen* hat bestimmt auch Ihre Erinnerungen wachgerufen. In der Zeit der Erstkommunion-Vorbereitung wird Ihr Kind dankbar sein, wenn Sie mit ihm gelegentlich abends eine Kerze anzünden, ihm etwas vorlesen, erzählen, singen oder auch nur still verweilen.
- Ihre Kinder finden es bestimmt liebenswert, wenn Sie hin und wieder mit ihnen den Sternenhimmel betrachten: die Sternbilder, vielleicht auch einen Satelliten. Wenn die Kinder dabei erfahren, dass es in unserer Milchstraße Millionen Sonnensysteme gibt und im Weltall noch weitere Milliarden Milchstraßen, dann staunen sie wahrscheinlich über die Schöpfung. – Auch das Miterleben eines Sonnenaufgangs trägt dazu bei. Vielleicht fragen die Kinder: »Woher haben Sonne, Mond und Sterne ihr helles Leuchten?«
- Nach einem Erlebnis von Glasfenstern der Kunst kann dieses durch die Gestaltung eines eigenen Fensters aus schwarzem Fotokarton und farbigem Transparentpapier vertieft werden. Das Lichterlebnis entsteht dann, wenn man sein eigenes *Werk* zu Hause mit Tesafilm ans Fenster klebt.

Auch kleine Sterne leuchten

Inge wollte mit ihrer Freundin im Kurpark Schwäne füttern. »Wollen wir sie zuerst ein wenig beobachten?«, fragte Inge. Sie steuerten auf die Bank hinter einem Busch zu. Inge blieb plötzlich stehen, denn da saß schon eine alte Frau. Die beiden Mädchen waren nun etwas verunsichert. Doch dann fassten sie sich ein Herz und fragten, ob sie sich dazusetzen dürften. Die Frau schien nicht sonderlich erbaut zu sein, aber sie nickte. Inge sah sie sich vorsichtig von der Seite an, sie machte einen traurigen Eindruck. Nach einer Weile fragte Inge fast aus Verlegenheit: »Mögen Sie auch Schwäne?« Und so nach und nach kamen sie miteinander ins Gespräch. Die alte Frau erzählte den Kindern, dass vor einem Jahr ihr Mann gestorben sei und sie nicht mehr in der großen Mietwohnung bleiben konnte. Nun wohne sie seit 14 Tagen im Seniorenstift. Noch kenne sie niemand dort und fühle sich sehr einsam. Doch dann ging sie mit den Kindern an den Teich und schaute ihnen zu, wie sie die Schwäne fütterten. Als sie sich später verabschiedeten, da lachte die alte Frau sogar ein wenig.

Am Sonntag standen Inge und ihre Freundin am Seniorenstift und versuchten, die alte Dame ausfindig zu machen, deren Namen sie nicht einmal kannten. Als sie endlich die Frau fanden, Zimmer 324, da kam diese nicht aus dem Staunen heraus, denn die Kinder hatten ein Spiel unter dem Arm. »Haben Sie nicht Lust mit uns *Mensch ärgere dich nicht* zu spielen?« Der Frau kamen ein paar Tränen, und sie spielten den halben Nachmittag zusammen.

Als Inge das alles zu Hause erzählte, schlug die Mutter sogar vor, die alte Frau einmal zum Kaffee einzuladen. »Toll!«, rief Inge aus und klatschte in die Hände.

Was können wir gemeinsam tun?

- Alten, Kranken und einsamen Menschen in einer kleinen Tischlaterne ein Licht bringen, das am Osterlicht oder Adventskranz der Pfarrkirche oder auch am Martinsfeuer angezündet worden ist.
- Gemeinsam überlegen, wo wir selber Licht sein können, in der Familie, in der Nachbarschaft, im Freundeskreis, in der Schule oder am Arbeitsplatz, in der Gemeinde.

Ihr seid das Licht der Welt

Eine Stadt auf dem Berge kann nicht verborgen bleiben. Auch brennt keiner ein Licht an, um es unter eine Schüssel zu stellen. Im Gegenteil: Man steckt es auf einen Leuchter, damit es allen im Hause Licht gibt. Genau so muss auch euer Licht vor den Menschen leuchten, damit sie sehen, was ihr Gutes tut, und eurem Vater im Himmel dafür danken.

Matthäus 5,14-16

Bücher, die weiterhelfen – eine Auswahl

Betz Felicitas, Die Seele atmen lassen – Mit Kindern Religion entdecken. Erweiterte Neuauflage, München ^{2}1999

Biesinger Albert, Kinder nicht um Gott betrügen – Anstiftungen für Mütter und Väter, Freiburg ^{13}2005

Bläsius Jutta, Mandalas mit allen Sinnen. Kreisbilder tasten, turnen, schmecken, hören, gehen, München 2003

Boff Leonardo, Kleine Sakramentenlehre, Düsseldorf ^{16}2003

Käßmann Margot, Wurzeln, die uns Flügel schenken – Glaubensweisen zwischen Himmel und Erde, Gütersloh 2005

Krenzer Ferdinand, Morgen wird man wieder glauben. Eine katholische Glaubensinformation, Limburg 2000

Maschwitz Gerda und Rüdiger, Gemeinsam Stille entdecken. Übungen für Kinder und Erwachsene, München ^{2}2004

Miller Gabriele, Was ist das unverzichtbar Christliche? Eine Verständigungshilfe, München 2003

Schindler Regine / Binder Hannes, Die Zehn Gebote – Wege zum Leben (für Kinder und ihre Familien), Düsseldorf 2006

Sölle Dorothee / Schottroff Luise, Jesus von Nazaret, dtv portrait, München 2000

CD zur Begleitung und Erinnerung

Tut dies zu meinem Gedächtnis – Lieder zur Erstkommunion (mit allen Liedern des Werkbuchs, 52 Min.), München 2006

Textquellen-Verzeichnis und Bildnachweis

Texte

6 Aus: Der fliegende Teppich. Verlag Friedrich Oetinger, Hamburg 1976 – **12** © Gisela Claudius – **13** In mir gähnt ..., aus: Ernst Kappeler, Es schreit in mir. Kösel-Verlag, München 1981 – Wird ein Verdrängen ..., aus: Günther Weber, Ich glaube - ich zweifle. Notizen im nachhinein. Benziger Verlag, Köln 1996 – Als Kind ..., aus: Karl Heinz Schmitt, Welchem Gott glaube ich heute?, in: unterwegs 1/97 – Spuren im Sand, Nach Margaret Fishback Powers – Der letzte Adressat ..., aus: Medard Kehl, Hinführung zum christlichen Glauben. Matthias-Grünewald Verlag der Schwabenverlag, Ostfildern 1995 (Topos 253) – **14** Mit der weiblichen Seite ..., aus: Gregor Tischler, Sensibel werden - religiös erziehen. Kösel-Verlag, München 1988 – Wie sollen wir sprechen ..., aus: Felicitas Betz, Die Seele atmen lassen. Kösel-Verlag, München 1996 (Neuauflage) – **15** Aus: Heinz M. Schulz, Was macht Gott den ganzen Tag? Kinder fragen nach dem Glauben. Eltern und Erzieher geben Antwort. Matthias-Grünewald Verlag der Schwabenverlag, Ostfildern 1994 (Topos 167) – **17** Aus dem Glaubensbekenntnis einer Frau, in: KatBl 12/94 (Auszug). Rechte bei Autorin – Aus dem Glaubensbekenntnis einer Achtzehnjährigen, in: Texte zur Christmette 1996. KHG Mainz (Auszug) – **19** Marcel Marceau, zit. nach: neue stadt 8/74 – Aus: Paul Hoffmann, Das Erbe Jesu und die Macht in der Kirche. Matthias-Grünewald Verlag der Schwabenverlag, Ostfildern 1991 – Theodor Bovet, aus: Schriftenreihe des päpstl. Missionswerkes für geistliche Berufe, H. 10. Informationszentrum Berufe der Kirche, Freiburg/Br. – Albert Einstein, zit. nach: M. Haug, Er ist unser Leben. Stuttgart 1962 – Franz Alt, Jesus – der erste neue Mann, Piper Verlag GmbH, München 1989 – **21** Aus: Christian Feldmann, Jesus. Gottes menschliches Gesicht. Verlag Herder, Freiburg 1995 – **23** »Jesus von Nazaret«, in: Georg Bubolz, Religionslexikon.

Kompaktwissen für Schüler und junge Erwachsene. Cornelsen-Scriptor 396 – **26** Aus: Andreas Knapp, Wenn du beten lernen willst, in: Lebendige Katechese 1/96 – **40** Aus: Theodor Schneider, Wir sind sein Leib - Meditationen zur Eucharistie. Matthias-Grünewald Verlag der Schwabenverlag, Osterfildern 1977 (Topos 65) – **42** Aus: Kurtmartin Magiera, Eucharistie feiern. Verlag Butzon & Bercker, Kevelaer – **45** Aus: Maria Montessori, Frieden und Erziehung. Verlag Herder, Freiburg 1973 – **47** Aus: Anselm Grün, Gut mit sich selber umgehen. Matthias-Grünewald Verlag, der Schwabenverlag, Osterfildern 1995 – **48** Mein Farbkasten, aus: Wir wollen Frieden - Bilder und Gedichte von jüdischen und arabischen Kindern aus Israel. Verlag Herder, Freiburg 1976 – **49** »Gemeinde«, Quelle wie S. 23 – **51** So habe ich mir ..., in: Dialog. Ideen - Impulse - Anregungen für Pfarrgemeinden im Bistum Essen 3/94 – **53** Hans Dieter Hüsch, in: Publik-Forum 1996 – **54** Aus: Ich glaube. Jugendbuch zur Firmvorbereitung. Kösel-Verlag, München 1994

Bilder/Fotos/Zeichnungen

4 Jan Tomaschoff/Baaske Cartoons, Müllheim – **6, 35** Heinrich Zumbrunn/Verlag der Oblaten, Mainz – **1, 2, 7, 8, 11, 48, 49, 52** Peter Schimmel, München – **18** Christuskopf, 11. Jh., Glasfenster, ursprüngl. in der Abteikirche v. Weißenburg/Elsaß. Museé de l'Oeuvre Notre Dame, Straßburg, aus: Glasfenster der Welt. Zwölf Jahrhunderte abendländischer Glasmalerei in über 500 Farbbildern © Mitchell Beazley Publishers Ltd., part of Reed Internatinal Ltd 1976. Foto: Sonia Halliday/Laura Lushington – **20** Oskar Kokoschka, Jesus hilft den hungernden Kindern, 1945/46, Plakat 60,7 x 48 cm. © VG Bild-Kunst, Bonn 1997 – Christus Pantokrator, russisch/Tver, 13./14. Jh. Tretjakow Galerie, Moskau (Inv. 15028) – Rembrandt, Harmensz van Rijn, Christuskopf (Studie), um 1650. bpk Gemäldegalerie, SMB / Jörg P. Anders – **21** Lucas Cranach d.J., Christus und die Ehebrecherin, 1545. Staatsgalerie Schloss Aschaffenburg/Bayer. Staatsgemäldesammlungen. Foto: Artothek, Peißenberg – **24, 34** Karl Heinz König, Bergisch Gladbach – **25** Gabriele Klöckner, Geldern –**28** Aus: Gerda und Rüdiger Maschwitz, Aus der Mitte malen - heilsame Mandalas. Anregungen für Kinder, Jugendliche und Erwachsene. Mit 20 Malvorlagen. Kösel-Verlag, München 1996 – **31, 36, 38, 50** Eva Amode, München – **33** Foto: Doris Friemel, Augsburg – **30, 37, 40, 43** Peter Wirtz, Dormagen – **41** Kinderzeichnung/privat – **42** Lothar Nahler, Gau-Odernheim (o.), Peter Wirtz, Dormagen (li.u.), Misereor Fastenaktionsplakat 1997 © MISEREOR Medienproduktion und Vertriebsgesellschaft mbH, Aachen (Ausschnitt) (re.u.) – **45** Foto: Alois Krammer, Graz – **47** Scherenschnitt © Deike-Klingmüller – **55** Oliver Tripp, Kerpen – **59** KNA, Bonn – **60** Kathedrale von Palma de Mallorca, Quelle wie S. 18. Foto: Wim Swaan

3. überarbeitete Auflage 2006

Umschlag: Kaselow-Design, München
Umschlagmotiv: Peter Schimmel, München
Druck und Bindung: Kösel, Krugzell
Printed in Germany
ISBN-10: 3-466-36719-0
ISBN-13: 978-3-466-36719-1

www.koesel.de